Tu derecho es emprender

GIBRÁN MIGUEL

TU DERECHO
ES
EMPRENDER

UNA GUÍA COMPLETA PARA FUNDAR
TU DESPACHO DE ABOGADOS

Tu derecho es emprender
Una guía completa para fundar tu despacho de abogados

Edición: Autores Implacables
Corrección de estilo: Mauricio Rumualdo y Nahomi Mendoza
Diseño de portada: Aranza Villalobos
Diseño editorial interior: Aranza Villalobos

 www.autoresimplacables.com

Para Uru, el primer emprendedor que conocí...
Y el mejor de todos.

Para Hob, quien de niña leía el García Máynez
a escondidas.

ÍNDICE

PRÓLOGO
¿CÓMO LE HAGO?

Fundar un despacho de abogados y desarrollarlo no es una decisión que se tome a la ligera. Emprender en el sector legal es una decisión valiente, una de las más importantes que un abogado puede tomar en su vida profesional. Eso quiere decir que, si estás leyendo este libro, seguramente eres alguien decidido, que sabe lo que quiere y que está dispuesto a trabajar duro para conseguirlo. En otras palabras: eres de los míos.

Yo, como tú, sentí ese impulso por emprender. Sin embargo, tuve que ir aprendiendo sobre la marcha, con tropezones y errores que pude ahorrarme si hubiera tenido a la mano herramientas que, lamentablemente, no aparecían en ningún material de los que vi en la universidad. Todavía, en esos libros que tanto se revisan durante la carrera, siguen sin aparecer esas herramientas. Es por eso que comencé este proyecto: quiero ayudar a gente como tú a aventurarse en este complejo y apasionante camino. Me da mucho gusto y orgullo que me des la oportunidad de ayudarte a dar esos primeros pasos —quizá los más complicados, pero también los más importantes— del recorrido.

A ver, no me malinterpretes: claro que Kelsen, Burgoa y García Máynez escribieron obras importantísimas que tú y yo debemos conocer si queremos destacar como abogados, al igual que los criterios que el Poder Judicial publica en su *Semanario*. Pero ninguno de esos textos se ocupa de responder la pregunta que seguramente tienes en este momento: ¿qué hay que hacer para que esa teoría y ese conocimiento jurídico universitario dejen el plano de lo intangible y se vuelvan un sustento económico concreto, honesto y socialmente reconocido?

Y esto es algo que me hace sentir aún más comprometido contigo. En un punto decisivo de mi trayectoria, yo, como tú ahora, deseaba encontrar la manera de alcanzar la vida con la que soñaba cuando comencé a estudiar Derecho. Porque, a ver, vamos diciéndolo como es: además de la visión ideal de la abogacía como un instrumento para alcanzar la justicia, también escogimos esta carrera porque deseamos una vida cómoda, sin preocupaciones financieras y exitosa... ¿A poco no?

Estoy convencido de que fundar tu propio despacho jurídico es una de las mejores formas para alcanzar esa vida a la que todos los abogados aspiramos. Pero si los libros, la universidad ni los códigos dicen cómo, ¿dónde se aprende a hacerlo?

Claro, si trabajas en un despacho, podrías preguntarle a tu jefe o a algún colega que lo haya logrado, pero es muy probable que te respondan con ambigüedades, cosas muy obvias o generales, que le den vueltas o que de plano te digan que "lo platican luego con más calma", sabiendo que esa calma no llegará nunca. ¡Nadie quiere contar cómo le hizo! Y no los culpo. ¿Por qué tendrían que revelar la receta secreta si fue tan complicado dar con ella en primer lugar? Muchas de las personas que encabezan su propia práctica jurídica esconden su conocimiento porque sufrieron el mismo dolor que tú y que yo: tampoco tuvieron a alguien que les enseñara a convertirse en sus propios jefes. Lo hicieron mediante ensayo y error, se equivocaron más de la cuenta y, ahora que ya lograron lo que querían, lo que menos quieren es ayudar a las nuevas generaciones que serán su competencia.

Ese vacío fue lo que me motivó a escribir este libro. No porque yo sea el más generoso de los abogados, sino porque, antes que abogado, soy maestro. Me encanta el derecho: he dedicado mi vida a estudiarlo y ejercerlo. Pero también he dedicado varios años de mi vida a enseñarlo, y eso es lo que más me gusta hacer. Así que, si los libros universitarios no te dicen cómo comenzar un despacho, me toca a mí hacerlo. Estoy convencido de que emprender en el sector legal no tiene por qué ser tan complicado. ¡Nadie tendría que pasar por el sufrimiento que yo experimenté! Por el contrario, creo firmemente que fundar un bufete jurídico propio es una meta que debe estar al alcance de todo abogado y estudiante de Derecho.

Cuando comencé a investigar para darme a mí mismo una respuesta al *¿cómo le hago?*, me topé con que hay montañas de información que es necesario tener a la mano para construir, mantener y hacer crecer tu despacho de abogados. Siendo honesto, al ver esas montañas me sentí un poco intimidado por la tarea, porque, sin ningún tipo de guía, me tocaba a mí comenzar a escalarlas, entrarle con todo a ese Everest de datos y ver qué podía sacar en limpio. Al final y después de un trabajo de varios años, logré, como dicen los alpinistas, conquistar la cima. En este libro, dejo para ti lo que logré clasificar, seleccionar, depurar, ordenar y probar de toda esa información a la que me enfrenté. Esto significa también que este libro no es un simple conjunto de *tips* ni un instructivo que solo usas una vez y olvidas para siempre en un cajón. En realidad, es todo lo contrario: se trata de una verdadera solución a largo plazo y que podrás utilizar en más de un momento de tu vida profesional.

¿Te has dado cuenta de que tus jefes, maestros y muchos de tus colegas abogados tienen más negocios aparte de su firma legal? Por algo será, ¿no crees? Quizá parezca una cosa lejana e inalcanzable, pero no te preocupes: también en ese sentido te tengo cubierto.

En las siguientes páginas encontrarás los conocimientos que te permitirán, sí, construir, mantener y hacer crecer tu propio despacho de abogados, pero también te ayudarán a iniciar cualquier otro negocio a la par de tu despacho, porque, como te decía, aquí no encontrarás un acercamiento superficial, sino una exploración a fondo sustentada sobre principios universales que rigen a todo el mundo de los negocios. Así que, por favor, ayúdame a que este libro llegue a más personas que, al igual que tú, desean emprender en el sector legal; es más, ayúdame a que llegue a cualquier persona que desee emprender en cualquier sector pues, como te digo, también sirve muy bien para otros tipos de negocios.

Y hablando de personas, deseo hacer una aclaración sobre el lenguaje inclusivo. Entiendo y comparto la importancia de expresarnos sin discriminar a un sexo, género o identidad en particular y sin perpetuar estereotipos de ninguna especie. Por eso, estoy aprendiendo a utilizar la lengua castellana de una manera que permita promover la igualdad y combatir los prejuicios. Pero eso me supone romper con una inercia de más de cuarenta años, que son los que llevo utilizando el idioma tal y como me lo enseñaron. Como imaginarás, eso me demanda trabajo extra y me está tomando algo de tiempo.

Así que no quise esperar a afinar mi lenguaje inclusivo y preferí publicar este libro cuanto antes, pues estoy convencido de que te podrá ayudar con tu proyecto profesional. Por ello, notarás que hablo mucho en masculino («abogado», «nosotros», etc.), y te ruego encarecidamente que cada vez que encuentres una expresión así, a lo largo de las siguientes páginas, recuerdes que mi intención es entregar algo de valor a toda persona practicante de la abogacía.

Te aseguro que este libro no terminará en un cajón o una carpeta olvidada y polvosa en tu computadora. Te prometo que este será un texto que puedes leer y releer tantas veces como tu despacho lo necesite y según vayas creando formas adicionales de generar riqueza para ti. Es más: si a la mitad de este camino que estás por iniciar, decides que esto de ser tu propio jefe no es lo tuyo y que prefieres hacer carrera trabajando en un despacho con una estructura ya probada (lo cual es completamente válido), incluso en ese caso, este libro también te será de mucha utilidad, porque te dará las claves para convertirte en un mejor profesionista y en una pieza importante dentro de la jerarquía en la que te encuentras.

Sé que quizá estés ansioso por comenzar lo más pronto posible a leer las estrategias y consejos concretos de este libro, yo también tengo la inquietud de poner manos a la obra. Pero antes de hincarle el diente al asunto, déjame anotar una última idea importante que necesitas tener siempre en cuenta, desde hoy y hasta que concluyas el libro:

El texto que vas a leer está escrito pensando en la famosísima *metáfora del pescador*, que se atribuye al filósofo chino Lao-Tsé, que dice: «si das pescado a un hombre hambriento, le nutres una jornada. Si le enseñas a pescar, le nutrirás toda la vida» (Terra Fundación, 2017). En este libro no hay ni un solo pescado, te lo digo desde ahora. Lo que sí contiene son enseñanzas sobre cómo y cuándo pescar y, además, cómo conservar y aprovechar el producto de tu pesca.

Ten presente que un negocio —cualquier negocio— es un vivo reflejo de quien lo encabeza. Así que, para desarrollar un despacho de abogados, quien primero debe desarrollarse eres tú. Pero de eso hablaremos más adelante. Por lo pronto, vamos a ponernos en acción, porque hay mucho que aprender.

Gibrán Miguel
Formador de abogados

INTRODUCCIÓN

PRINCIPIOS Y REGLAS

Si quieres construir un despacho de abogados que te permita alcanzar la vida que sueñas, ¡estás en el lugar correcto! Y para aprovechar una oportunidad o lograr un objetivo en concreto, estar en el lugar y momento adecuados es solo una parte de la ecuación. La otra parte, la más importante, es *ser* la persona adecuada.

Así que antes de tratar de responder ese *¿cómo le hago?*, tienes que asegurarte de que estás en el lugar y el momento adecuado, y de que eres la persona adecuada y dispuesta a aprovechar al máximo este libro. Para saber que, en efecto, tienes la ecuación completa, te recomiendo que sigas estos principios y reglas (sí, los llamé así porque me inspiré en la teoría de Robert Alexy). Estas reglas y principios, que te voy a compartir a continuación, son los mismos que me han guiado en la construcción y el crecimiento de mi propia firma de abogados y te ayudarán a ser el tipo de persona que da lo mejor de sí y obtiene a cambio lo mejor de sus circunstancias.

A. Principios

Primer principio: Comprométete

Examen sorpresa: ¿te acuerdas del *Do ut Des*? Seguro que sí, todos lo vemos cuando aprendemos Derecho Romano. Como sabes, significa «doy para que des». Para que nuestros objetivos comiencen a cobrar forma, por lo menos en nuestra mente, es importante contraer una obligación de este tipo con uno mismo. Hay que definir bien cuáles son nuestros compromisos para saber y asumir nuestras obligaciones.

Si quieres obtener resultados, no solo en materia profesional, sino en cualquier ámbito de tu vida, tienes que hacer este trato contigo: comprometerte a dar algo a cambio para obtener los resultados que buscas. Ese algo es tu tiempo, tu concentración y tu energía. Solo después de que tú hayas entregado esos tres recursos podrás obtener recompensa. No antes. Ese es el primer paso que debes dar si lo que quieres es transformar tu potencial en resultados o, lo que es casi lo mismo, tu idea en una realidad.

E insisto en que este segundo principio es aplicable en cualquier ámbito de la vida, porque la concentración, el tiempo y la energía son las tres monedas con las que tendrás que pagar por alcanzar cualquier meta que te fijes. Tan solo como ejemplo, si lo que quieres es tener un cuerpo atlético, tendrás que dedicar tiempo para tu entrenamiento, pagar un gimnasio y ser constante con tu dieta; si quieres hacer un doctorado, entonces deberás invertir tiempo para tus clases, desvelarte para estudiar y comenzar a escribir tu tesis desde el primer día hasta el último durante dos años.

¡Cada logro es el resultado de invertir en las proporciones correctas tu tiempo, tu energía y tu concentración!

Segundo principio: Desaprende

Nuestro cerebro tiene un pequeño truco para procesar la información mientras ahorra energía para poder realizar esos cientos de miles de millones de tareas que le tocan. Ese truco es que crea redes: cuando vemos o escuchamos algo nuevo, de inmediato tratamos de vincularlo a nuestras experiencias pasadas. Eso es un recurso muy bueno para que el cerebro ahorre energía y muchas veces nos sirve para memorizar información, pero también implica un pequeño problema: ese cableado cerebral hace que nos cueste mucho trabajo reconocer que hay cosas que no sabemos pero que creemos que deberíamos saber. Esto es problemático, entre otras cosas, por el simple hecho de que nadie puede aprender lo que cree que ya sabe.

Así que es muy importante que conforme avances en este libro te vayas deshaciendo de tus viejas preconcepciones para que des cabida a nuevos modelos mentales, a nuevas destrezas y a nuevos retos. Olvídate de las ideas que has ido adquiriendo a lo largo de tu vida y de tu carrera, y que esconden su feo rostro detrás de los conocimientos jurídicos. Ideas como *esto es imposible* o *yo nunca podría hacer lo que mi jefe hace*.

Apaga también esa idea tan nuestra de que la universidad nos dio todas las herramientas que necesitábamos. Esa concepción errónea de que la universidad es la proveedora de todo el saber debería quedarse en la época en la que se acuñó y a la que pertenece: ¡en el medievo! Basta preguntarle a cualquier profesionista que recién haya egresado para darse cuenta de que uno nunca termina de aprender.

Y no es que tenga nada contra la Edad Media, al contrario: soy un consagrado entusiasta de esa etapa de la historia de la humanidad. Solo creo que la universidad se llamó entonces así porque los saberes que podían impartirse en las aulas eran mucho menos que los de ahora y, por lo tanto, hoy en día cinco años de estudios resultan del todo insuficientes para adquirir todo el conocimiento del universo y prepararte para hacer frente al mundo actual.

Hoy por hoy, a diferencia de los títulos de esos bachilleres medievales, tu cédula profesional no es garantía de que ya resolviste tu vida. Y creo que ya lo sabes, por eso decidiste comenzar a leer este libro.

Tercer principio: Implementa

Puedes leer bibliotecas enteras, inscribirte a mil cursos en línea, escuchar trescientas horas de *podcasts*, ver todos los canales educativos de YouTube y consumir todo el contenido educacional que encuentres en cada una de las esquinas de internet y, aun así, no lograr tus objetivos. Adquirir el conocimiento es solo la primera parte, lo importante es implementarlo. Si no implementamos nuestros conocimientos, se quedan ahí, congelados, nomás ocupando un espacio en nuestro cerebro.

Lo mismo ocurriría con este libro si no pones en funcionamiento lo que vas a aprender de él. Son las acciones las que activan al conocimiento, así que es importante que en cada capítulo te detengas a reflexionar sobre lo que has aprendido. Que tomes notas mientras lees las páginas que siguen; ya sea que las escribas en una libreta, en tu celular o las grabes para que vayas poniendo en marcha tu plan incluso antes de que hayas llegado a la última página de este volumen. Mientras más pronto empieces a moverte (y moverse a veces solo requiere ese pequeño empujón: anotar una idea o escribirse un recordatorio en el teléfono), más rápido estarás encaminado a lograr tu objetivo.

Por lo mismo, porque este es un libro para leer haciendo, no te recomiendo que lo leas de un tirón. Si lo haces, es muy posible que no obtengas el máximo provecho de él. Más bien, yo sugeriría que lo vayas leyendo en orden y poco a poco. Que te detengas a analizar las ideas que encontrarás aquí, a pensar cómo puedes aplicarlas a tu situación; que anotes, subrayes y hasta cuestiones la información que te compartiré mientras vas diseñando la mejor manera para, conforme a tus circunstancias particulares, implementar estos conocimientos.

Cuarto principio: Comparte

¿Te acuerdas de que, en la introducción, te dije que bastaban tres principios para aprovechar este libro al máximo? Pues la verdad es que... ¡No es cierto! Hay un principio adicional que, para serte sincero, es tan importante para ti como para mí. Ese principio se trata de compartir.

Todavía hay quien tiene esta idea romántica de que un abogado solo necesita su reputación para que su despacho esté lleno de clientes y los teléfonos no dejen de sonar. Suena muy bonito, pero la verdad es que ya no es así. Todavía, hasta finales del siglo pasado, un buen abogado podía atraer clientes solo con su reputación, pero hoy el mundo ha cambiado y, por lo tanto, necesitamos cambiar la manera en que los profesionales del Derecho nos concebimos a nosotros mismos. No podemos permitir que la vanidad nos haga creer que con ser unos buenazos es suficiente, hay que, activamente, adaptarse a este mundo que cada día nos sorprende con más y más cambios.

Te decía que este tercer principio también es muy importante para mí. Déjame te platico un poco el porqué. Yo sueño con un mundo en el que las y los estudiantes de Derecho salgan de la universidad sabiendo cómo alcanzar la vida que desean a través de la profesión. Me imagino una abogacía dotada del conocimiento empresarial suficiente para administrar sus conocimientos legales en beneficio de la sociedad. Sueño con un mundo en el que los despachos de abogados se conviertan en auténticas empresas de servicios jurídicos que no solo sirvan para enriquecer socios, sino que den valor a toda la sociedad.

Y fue porque quiero alcanzar ese sueño que decidí lanzar la plataforma educativa *NegociaLaw*. Al mismo tiempo, escribí este libro y estoy trabajando junto con mi equipo en varios proyectos más, todos encaminados a enseñarte a convertir tu conocimiento universitario del Derecho en sustento económico honesto y socialmente reconocido.

Por eso necesito que me ayudes compartiendo. Piensa en esos conocidos a quienes crees que les pueda servir este libro y, si a ti te sirvió, invítalos a que lo compren y lo lean. Todos tenemos un familiar, un amigo, un vecino que está estudiando Derecho o que ya es abogado y que desea usar su carrera para alcanzar una vida mejor, así que recomendando este libro todos salimos ganando: me ayudas a mí a alcanzar mi sueño, ayudas a esa persona a alcanzar el suyo y te ayudas a ti, porque esas personas no se convertirán en tu competencia, sino en aliados que te tendrán en cuenta cuando necesiten derivar un asunto en algún colega.

Además, son abogados como tú y como yo y, por lo tanto, también desean ayudar a que todos vivamos en una sociedad más justa. ¡Contribuyamos entre todos a redefinir el concepto de abogacía! Hagamos de la formación jurídica una formación empresarial, como la que estás a punto de tomar a través de estas páginas.

B. Reglas

Piensa en este libro como en una caja de herramientas. Los instrumentos que están dentro de la caja fueron seleccionados cuidadosamente por alguien que conoce las necesidades que tendrá alguien que quiera, como tú, construir su propio despacho. Ese alguien soy yo, claro, y conozco las herramientas porque son las que encontré más útiles en ese camino de prueba y error que fue fundar mi propia firma legal. Pero es igual que construir cualquier otra cosa: tener las herramientas y las instrucciones no es suficiente para que ese librero increíble que quieres quede ya mágicamente armado. Hay que usar esas herramientas e instrucciones para construirlo, y construirlo a veces implica estar en una posición incómoda, cansarse de lijar y martillar, astillarse los dedos y aprender a usar guantes, equivocarse y desarmar una parte, adaptar las instrucciones al tipo de madera que elegiste y que quizá es de un grosor diferente.

Acá no vamos a construir un librero, sino algo mucho más ambicioso, así que va a ser necesario que tú y yo trabajemos en equipo. A mí me toca redactar un texto completo sobre cómo fundar un despacho de abogados, partiendo de mis estudios (tanto jurídicos como no jurídicos), condensando todo el conocimiento sobre administración de negocios que he adquirido a lo largo de varios años, devorando libros enteros, asistiendo a cursos y seminarios y consumiendo cientos de horas de contenido en diversos formatos. A ti te corresponderá poner manos a la obra para tomar toda esta información, adaptarla a tu propia realidad y lanzarte a la aventura. Pero no te abrumes: si sigues estas reglas, irás por el camino correcto.

1. Subraya, toma apuntes y repasa

Algo que siempre le digo a mis alumnos de la carrera de Derecho es que estudiar es una actividad que tiene que dejar rastro. Deja una evidencia clara de lo que ya leíste y estudiaste, porque eso te servirá más adelante cuando necesites revisitar este libro. Muchas veces, lo que leemos es como una linterna que echa un rayo de luz sobre un montón de ideas que nos surgen a través de la lectura: esa sensación es maravillosa; pero también, muchas veces, quizá pecando de vanidad, le confiamos a nuestra memoria esas ideas y aprendizaje. Lo que pasa en esos casos es que la linterna se vuelve a apagar en cuanto cerramos el libro y quién sabe si vuelva a iluminar esa idea increíble que, por mucho que nos esforzamos, no logramos recordar.

No basta que guardes la información en tu cabeza. No confíes en tu memoria. No porque dude de que tengas la mejor memoria fotográfica de tu cuadra, sino porque no es necesario fatigar a la memoria si existe la tecnología para dejarla descansar. Si dejas un rastro, un registro visible de tus ideas, estás haciéndole un favor a tu yo del futuro y ahorrándole el tener que recordar eso que pensó hace tiempo.

A veces los libros nos imponen. Cuando somos pequeños nos dicen que los libros son tesoros muy valiosos y que hay que tratarlos como tales. La verdad es que el tesoro valioso es el conocimiento, no el libro: este es solo un soporte, una herramienta, y las herramientas se hicieron para utilizarse. Ese uso la va a desgastar y eso está bien. ¿Te imaginas a un herrero que se la pasara cuidando de no golpear su yunque demasiado fuerte porque quiere conservarlo? Es ridículo, ¿verdad? Pues lo mismo pasa con los libros de los abogados y todos quienes usamos el conocimiento como medio de subsistencia.

Así que pierde el miedo y subraya este libro, haz anotaciones al margen, dobla las páginas donde encuentres algo importante, escribe, marca y pega *post-its* como si se tratara de tu Código Civil. Y si estás leyendo este libro en formato electrónico, subraya y anota igualmente; además también puedes guardar esas anotaciones en un archivo PDF para tenerlo a la mano.

También es importante que tomes apuntes como si estuvieras en la facultad de Derecho. Después de todo, esto que estás a punto de comenzar también es educación continua y los apuntes son un modo muy útil de fijar el conocimiento, adaptarlo a nuestras ideas y necesidades. Tú sabes cómo es que te funcionan mejor los apuntes: en la computadora, a mano, en forma de lista o de diagrama. Todos tenemos nuestra técnica secreta. A mí, por ejemplo, me funciona muy bien utilizar tinta de varios colores, porque eso fomenta mi creatividad y me facilita la vida cuando me toca repasar.

Este libro está escrito pensando en hacerte salir de tu zona de confort y te va a enseñar cosas que ni las universidades ni tus jefes te enseñan, así que es muy probable que tengas que leerlo más de una vez. Piensa en él como si fuera tu Constitución, tu Código Civil o esa ley que usas a diario y que tienes que renovar cada cierto tiempo, no solo porque haya sido reformada, sino porque ya no le caben más anotaciones en sus maltrechos márgenes o porque se te deshojó y perdiste una que otra página. Así que ahórrale el trabajo a tu yo del futuro y deja registro de tus ideas y de los pasajes que te parecen más útiles e importantes.

2. Programa sesiones semanales

Como te decía, al adquirir este libro creaste un compromiso contigo mismo: el de trabajar *por* tu despacho y no solo *para* tu despacho. Por ello, es importante que cumplas con las obligaciones que asumiste frente a ti.

A veces la vida nos pasa por encima y parece que no tenemos tiempo para perseguir nuestros deseos, pero la verdad es que, en muchos casos, se trata nada más de desorganización. Así que, si te tomas en serio este camino y te organizas bien, verás que sin problemas hallarás el tiempo para ir avanzando. Programa en tu agenda sesiones de lectura de una hora diaria, de preferencia siempre a la misma hora, con el fin de que leas por lo menos un capítulo cada semana. Programa también en tu agenda que trabajarás por lo menos cinco horas a la semana *por* tu despacho; cinco horas semanales en las que deberás dedicarte a aplicar los conocimientos que estás adquiriendo con tu lectura para que tu visión tome forma. Ese tiempo que quizá le robes a ver series o dormir la siesta, es tiempo que estarás invirtiendo en tu futuro y, como toda buena inversión, te dará ganancias.

3. Gestiona tu tiempo

Para estas alturas, seguro ya te diste cuenta de que este libro va a requerir tu atención y tu disciplina, además de que necesitarás invertir en él más tiempo del que tomaría leerlo de corrido, como si fuera una novela.

Aunque, para ser precisos, no estamos hablando de tiempo invertido en el libro, sino en ti y en tus metas, así que valdrá la pena. Por eso es importante que asumas contigo el compromiso de aprovecharlo y que no faltes a ninguna de las citas.

Para ello, necesitarás algo de conocimientos sobre gestión del tiempo y es justo de eso de lo que hablaremos en el siguiente capítulo. Y, como no hay tiempo que perder, pongamos manos a la obra de una buena vez.

CAPÍTULO 1
GESTIÓN DEL TIEMPO

I. Tu activo más importante

Decía Benjamín Franklin «¿amas la vida? No desperdicies el tiempo porque es la sustancia de que está hecha» (García, s.f.). Es una frase bella, sin duda, pero no solo es poética: es real. Tu activo más importante es el tiempo. ¿Por qué es lo más valioso? Porque es limitado y no importa qué hagas o dejes de hacer, una vez que se agota el tiempo no puedes generar ni comprar más. Tienes veinticuatro horas al día, ni un segundo más. A diferencia del dinero y de casi cualquier otro recurso intangible, el tiempo es limitado y no renovable.

> *Es por eso que tu misión es cuidarlo de la mejor forma posible para que puedas usarlo e invertirlo sabiamente.*

De tu capacidad para aprovechar el tiempo dependerá que puedas alcanzar tus metas y ver a tu despacho de abogados nacer y crecer mientras tú eres el artífice de su desarrollo. Para que te des una noción de lo importante que es ese activo llamado tiempo, vamos a hacer un ejercicio.

Piensa en alguien que admires; en alguien que consideres una persona exitosa, un modelo a seguir. ¿Lo tienes? Ahora, repasa entre tus conocidos y piensa en alguien que sea de esas personas que parece que viven en medio de un remolino. Ya sabes, esa persona que todo el día está ocupada, que se la vive corriendo, que jamás te contesta tus mensajes o tus llamadas porque «tiene muchas cosas que hacer»… Y que, sin embargo, está irremediablemente atascada. Está exactamente donde se encontraba hace uno, dos o veinte años.

En mi caso, cuando pienso en una persona que admiro profundamente, de quien aprendo todos los días, de quien leo y releo cuanto libro publicó, es Peter Drucker (ya sé, ya sé: seguramente esperabas que sacara el nombre de un jurista y sí, admiro a varios, pero mi ejemplo de éxito es Drucker, que me perdonen nuestros colegas). Por el otro lado, la segunda persona en la que pienso en este ejercicio es un viejo amigo de la infancia que se dedica a la venta de autos usados en un negocio familiar, del que saca cada mes lo suficiente para pagar las cuentas y a veces un poco menos que eso. Digamos que se llama Miguel, como yo.

Ahora pasemos a la siguiente fase del ejercicio y comparemos a nuestras personas de referencia: tú a aquellas dos en las que pensaste mientras que yo compararé a Peter Drucker con mi amigo Miguel. ¿Qué tienen en común estas dos personas? ¿Qué tienen las dos que sea exactamente igual? O, todavía más concreto, ¿qué poseen por igual y en la misma cantidad y calidad?

Creo que ya no hace falta seguir adelante, porque a estas alturas ya captaste a dónde voy: esas dos personas, que estás comparando entre sí, cuentan con la misma cantidad de tiempo, sin importar quiénes son y cuáles son las características específicas de sus situaciones, ambas fueron dotadas de un paquete de veinticuatro horas por cada día de vida.

A ver, ahora cambiemos un poquito la pregunta: ¿Qué tienes tú en común con esa persona exitosa y que te sirve de modelo? La respuesta es la misma: en materia de tiempo, esa persona y tú se encuentran en igualdad de condiciones. Sus días, horas y minutos duran exactamente lo mismo. ¿No es maravilloso? Tú también tienes un paquete de veinticuatro horas por cada día de vida, igual que esa persona exitosa a la que admiras.

Entonces, ¿cuál es la diferencia entre un tipo de persona y otra? La diferencia está en lo que hace cada persona con su principal activo: el tiempo.

II. Administrar el tiempo es administrar_te_

Es muy común escuchar que las personas exitosas administran muy bien su tiempo y esto es verdad hasta cierto punto: los hombres y las mujeres que dan grandes resultados están haciendo algo diferente con su tiempo. Pero, en realidad, la idea de administrar el tiempo es un poco confusa. Piénsalo: el tiempo no es algo que se pueda gestionar como si se tratara de materias primas o de recursos financieros. Aunque nos guste pensar que sí, la verdad es que no tenemos mucho poder de decisión sobre el tiempo. Tenemos nuestras veinticuatro horas, pero no podemos ni alargarlas, ni moverlas de sitio, ni intercambiarlas, ni negociar o comerciar con ellas. Nuestro tiempo es siempre igual y nosotros no podemos cambiarlo.

En realidad, cuando la gente habla de «gestión del tiempo» o «administración del tiempo», se está hablando de otra cosa: de la *gestión de nosotros mismos*. Porque sí, no tenemos control respecto a cómo transcurren las horas del día, pero sí que podemos decidir qué hacer con nuestro paquete de veinticuatro horas por día de vida.

Imagínate que tienes una bolsa con veinticuatro monedas. Todas las monedas son iguales y debes entregarlas, una a una, conforme avanza el día. Al final del día tu bolsa, ya completamente vacía, se llena de nuevo para volver a empezar. ¿A quién le estás entregando cada una de esas monedas? Si usas ocho de ellas en dormir, te quedan otras dieciséis. ¿En dónde quedaron? ¿Qué hiciste con las dieciséis horas que tenías disponibles ayer, después de haber dormido lo suficiente?

En las reglas de este juego ya dijimos que no podemos conseguir más monedas o encontrar una moneda que sea más grande que las otras, así que lo que puedes y debes administrar es la decisión de a qué o a quién le entregas cada una de tus monedas. Eso sí: luego de haber decidido dónde quieres dejar tu moneda, debes aprender a respetar esa decisión y cumplirla.

Y es justo aquí donde sí cabe hablar de administración: en tu propia conducta, en tu organización, en la identificación de las actividades que son más importantes para ti. ¡Ahí sí tienes la capacidad de gobernar! O, mejor dicho, «gobernar*te*».

Pero, para que esto resulte más cómodo y evitar dar más vueltas por cuestiones de semántica, a lo largo de este capítulo —y de este libro— seguiré diciendo «administración del tiempo», porque es una expresión tan difundida y generalizada que no vale la pena que luchemos contra ella: no es ahí donde me interesa poner mi tiempo. Lo importante es que tú sepas y estés consciente de que eso de «administrar el tiempo» en realidad significa «administrarte a ti».

III. Una sola cosa

Primer paso: define tu futuro profesional

Te tengo una buena noticia: para este momento tú ya diste el primer paso para administrar tu tiempo. Muy probablemente no lo habías notado, pero es cierto: ya definiste lo que quieres en tu vida profesional. Quieres fundar tu propio despacho de abogados. Vamos a llamarlo «Tú & Asociados, Abogados». ¿Qué te parece?

Ahora bien, abramos un breve paréntesis para el caso de que no tengas del todo claro si es que estudiar abogacía fue una decisión correcta para ti. Lo primero que te puedo decir, en ese caso, es que tienes muy buena compañía; te sorprendería saber cuántas veces he escuchado a estudiantes de los últimos semestres de la carrera cuestionar su propia elección profesional. Lo segundo, es que te des una vuelta por mis redes sociales, donde abordo con cierta frecuencia los distintos problemas sobre orientación vocacional de los estudiantes de Derecho. Pero, como te dije, esto es sólo un paréntesis. Volvamos.

Segundo paso: la pregunta fundamental

Has puesto un pie en el primer escalón hacia la efectiva y eficiente administración del tiempo. Ahora, el siguiente paso consiste en formularte la siguiente pregunta:

¿Cuál es la actividad más importante que debo hacer para fundar mi despacho?

Esta pregunta es crucial, tanto que la llamo «la pregunta fundamental», porque si te la formulas con frecuencia, te permitirá obtener tres beneficios de un valor incalculable:

- Evitará que se te olvide tu propósito principal, que es la fundación de tu propio despacho.

- Te ayudará a mantener viva la llama que ilumina tu vida profesional, esto es: tendrás siempre presente la razón por la que sales a trabajar todos los días.

- Te dará claridad sobre qué es lo que hay que hacer para llegar a esa meta que te has fijado.

Por si esto fuera poco —que no lo es—, hacerte la pregunta fundamental te permitirá organizar de la mejor manera posible y alrededor de tu prioridad todas tus actividades del día, de la semana, del mes, del año y de tu vida profesional en general.

Además, si te recuerdas constantemente la pregunta fundamental, vas a lograr algo que puede significar una enorme diferencia a la hora de iniciar tu propia práctica jurídica: tendrás presente tu «porqué» y sabrás cuáles son los pasos que debes seguir para cumplirlo, por lo que tendrás absoluta certeza respecto de cómo se conecta cada actividad de tu día a día con tu finalidad de vida.

Y cuando las cosas se pongan difíciles (porque no te voy a mentir, no todo en esta aventura es miel sobre hojuelas), será la pregunta fundamental lo que te ayude a no perderte. Cuando estés atravesando etapas oscuras o complicadas, cuando tengas que llevar a cabo alguna tarea que no te guste o te aburra, hacerte la pregunta fundamental traerá al presente tu «porqué» y eso te dará gasolina suficiente para continuar la marcha y levantarte al día siguiente aunque no tengas el mejor humor. Esa gasolina compuesta a base de tu «porqué» tiene mucho más octanaje que cualquier otra motivación.

Para ponerte un ejemplo claro, te comparto mi «porqué». La razón por la que me levanto todos los días es mi deseo de construir una mejor abogacía a través de la formación de abogados que sepan gestionar su carrera con criterios empresariales. Tener presente esa idea, para mí, es bastante más efectivo que todo el café que mi metabolismo puede asimilar en un solo día. Que, aquí entre nos, es MUCHO café…

Tercer paso: separa el grano de la paja

Aunque es muy útil y es nuestra brújula, la pregunta fundamental no es garantía de que no encontraremos dificultades en el camino. Muy pronto en tu travesía te vas a enfrentar a un problema adicional.

Más que nunca, el mundo está lleno de distracciones, dispositivos tecnológicos y productos que se pelean encarnizadamente por apoderarse de tu atención. Para demostrarte que tengo razón, te lanzo el siguiente reto: trata de leer diez páginas de este libro de corrido, sin mirar tu celular. No se vale ponerlo en silencio, en modo avión o apagarlo. Estoy seguro de que, mientras lees, tienes tu teléfono cerquita esperando a que termines este párrafo para que le eches un vistazo a tus notificaciones. ¿Quién es más poderoso, tú o tu celular?

Ya me contarás cómo te fue, pero si no lograste leer esas diez páginas de corrido sin detenerte a ver el teléfono, no te preocupes, estás en buena compañía. Existen múltiples estudios a lo largo y ancho de nuestro planeta sobre la hiperconectividad[1] en que nos encontramos inmersos y la forma en que interactuamos con nuestros dispositivos electrónicos. Los resultados que estos estudios arrojan varían ligeramente entre sí, pero todos coinciden en que los seres humanos miramos el celular unas cien veces al día en promedio, la mayoría de ellas por simple ocio o reflejo.

Por eso es importante que te hagas constantemente la pregunta fundamental. Cada vez que te cuestiones qué es lo que de verdad tienes que hacer para fundar tu despacho, podrás separar los distractores de aquello que es realmente importante. ¿Cuáles de todas esas notificaciones,

---

1 Algunos de ellos se encuentran citados en uno de mis libros no jurídicos favoritos: *Deep work*, de Cal Newport. La traducción al español se publicó en México con el título *Enfócate: consejos para alcanzar el éxito en un mundo disperso* (Paidós, 2017). Aquí tienes una entrevista a Newport, en la que habla de este tema: https://www.youtube.com/watch?v=qlBV_CDvuYs

que recibes a cada rato en tu celular, te acercan a tu meta de fundar «Tú & Asociados, Abogados» y cuáles no?

Pero, ojo: todavía hay una dificultad adicional. Mientras estés ponderando qué es lo importante y qué no lo es tanto, es probable que te encuentres con un tipo de cosas que son una trampa; las cosas que *parecen* importantes sin serlo. Actividades que se disfrazan de urgencia para robarte tu activo más valioso.

Así que tienes que separar el grano de la paja, diferenciar entre lo que es importante, lo que solo es urgente y lo que no es ni lo uno ni lo otro. Para que lo tengas completamente claro, aquí lo tienes esquematizado conforme a la *matriz Eisenhower*, tal como la explica Stephen R. Covey, basada en la matriz Eisenhower (Covey, *Los 7 hábitos de la gente altamente efectiva*, p. 171).

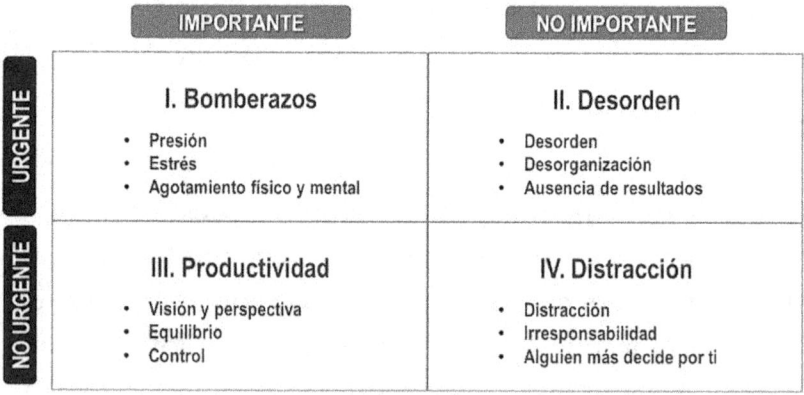

Imagen 1. Esquema de *matriz Eisenhower*.

Como puedes ver, estos cuadrantes están definidos por dos tipos de actividades: lo urgente y lo importante. Así que vayamos por partes.

¿Qué es lo urgente?

Urgente es todo aquello que demanda una acción inmediata o una solución que no puede esperar. Suelen ser labores que complacen a otros, como contestar un correo *urgente* de algún cliente o hacer algo que tu jefe te pidió *ASAP*, pero en ocasiones también pueden ser simplemente actividades que resultan fáciles, agradables o divertidas, como cuando te invade el famoso *FOMO*[2] y sientes la imperiosa necesidad de atender tus notificaciones de Instagram o ver vídeos en TikTok en este preciso segundo.

Lo urgente se trata, en su mayoría, de actividades que no requieren proactividad, sino que nos hacen *reaccionar ante ellas*, porque nos generan la necesidad imperiosa de actuar para no dejar pasar la oportunidad. El asunto es que muchas veces esta sensación es completamente falsa. Si le pones pausa un par de minutos a esa necesidad de actuar y lo piensas con calma y frialdad, te darás cuenta de que, en muchas ocasiones, eres tú quien siente que esas cosas son urgentes, como cuando no puedes esperar para contestar un mensaje en uno de tus grupos de WhatsApp de la primaria.

---

2 *Fear of missing out*, que en español es «miedo a perderse algo». Se trata de un término más o menos nuevo que se refiere a la adicción que pueden generar las redes sociales y a la falsa necesidad de estar siempre enterados de todo.

¿Qué es lo importante?

Importancia, en cambio, significa que algo está directamente vinculado con los resultados que buscas. Se trata de tareas que, de un modo u otro, aportan al propósito que tú te has fijado, que apuntan a tu meta o que están alineadas con tus valores. Son ocupaciones que te conectan con tu objetivo primordial. Casi siempre, lo que es importante no exige una reacción, sino que actúes con proactividad e iniciativa, que seas tú quien haga que las cosas ocurran.

Ahora veamos las posibles combinaciones entre lo urgente e importante, para luego definir en dónde te tienes que enfocar.

Lo no importante ni urgente

Empecemos en la esquina inferior derecha de la *matriz de la administración* del tiempo de Covey y sigamos el sentido opuesto a las manecillas del reloj.

¿Qué hay en el cuadrante IV? Todas las actividades que no son ni urgentes ni importantes: las distracciones. Las quince notificaciones de Twitter, los memes que te llegan en WhatsApp, el correo electrónico basura, todas esas cosas que, como moscas, nos revolotean en la vida digital todo el tiempo.

Dedicar tu tiempo —es decir, dedicar tu vida— a las cosas que no son urgentes ni importantes, equivale a pasar la vida persiguiendo moscas. Es centrar tu existencia en la distracción y la irresponsabilidad. Implica dejar que alguien más decida por ti y utilice tu tiempo, tu energía y tus talentos a su favor y no en tu beneficio.

Pero tú encontraste tiempo para leer este libro, así que seguramente no eres de esa clase de personas.

Lo no importante pero urgente

En el cuadrante II se ubican todas las tareas que fuiste postergando hasta que ya no podían relegarse más. Son actividades que no necesariamente te acercan a tus metas: reuniones improductivas, interrupciones engorrosas, muchos de los correos y de los mensajes electrónicos que recibes todos los días y que se van acumulando en el buzón, son algunos de los habitantes de esta categoría.

También encontrarás aquí muchas actividades que son rutinarias pero que, por falta de planeación, terminan por exigir atención de última hora. Lo urgente y no importante suele ser el resultado de la procrastinación.

Basar tu vida en la realización de tareas urgentes, pero no importantes, es vivir en el caos y la desorganización, lo que traerá consigo resultados muy similares a los del cuadrante IV. Y ya dejamos claro que eso no sirve para nada.

Lo importante y urgente

En el cuadrante I están todos los problemas apremiantes de tu vida y de la vida de «Tú & Asociados, Abogados»: la presentación de escritos de término, proyectos cuyas fechas vencen en breve, la atención a clientes, socios, jefes y proveedores. En una palabra, bomberazos.

Aunque parezca que es el punto central de tu planeación, en realidad se trata de un cuadrante que debes tratar de reducir al mínimo posible, porque este es el cuadrante de presión, estrés y agotamiento físico y mental. Quienes viven en este cuadrante no son más que administradores de crisis, son «apagafuegos» que viven pasando de una emergencia a otra. Quizá puedan llegar a ser productivos, pero ¿a qué precio?

Lo importante y no urgente, ¡aquí es donde debes enfocarte!

El cuadrante III es la estrella de la gestión del tiempo. La zona de mayor productividad y la que te va a acercar más a tus metas a corto, mediano y largo plazo. Este lugar es en donde se encuentran las actividades que requieren y merecen tu mayor grado de enfoque y atención, y que verdaderamente te acercarán al día de la fundación de «Tú & Asociados, Abogados».

Esta es la zona productiva: planeación, revisión de *KPI* (más adelante veremos qué es esto), *networking*, tu

propia capacitación o la búsqueda de nuevas oportunidades de negocio. Aquí también están ubicadas otras
actividades que solemos dejar de lado, lo que, obviamente, es un error garrafal para nuestra productividad.
Hablo de cosas como el ejercicio físico, el crecimiento espiritual y nuestras relaciones con amigos y familia
(cumpleaños, aniversarios o acontecimientos importantes como una graduación). Es un error común dejar
que el trabajo nos absorba y dejar a un lado estas actividades que son absolutamente necesarias para estar
bien física, mental y socialmente. Recuerda: si no estás
bien en estos ámbitos, todo lo demás será mucho más
complicado.

Vivir en el cuadrante III significa vivir con visión
y perspectiva, equilibrio, disciplina y control de todo
cuanto haces. Ubicarte aquí te permitirá enfocarte en las
oportunidades y no en la solución de problemas.

Este libro que estás leyendo ahora —y, en general,
la lectura de libros que te ayudan a mejorar en algún
aspecto— se ubica exactamente aquí. El conocimiento
que estás adquiriendo ahora mismo es importante y no
urgente, y te acerca una enormidad a tu meta de fundar
«Tú & Asociados, Abogados».

Y ahora que ya sabes en qué consiste lo importante
y lo urgente, y que ya puedes distinguir entre todas las
posibles combinaciones entre estos dos conceptos, tienes que quedarte solo con lo importante, reducir al mínimo lo importante-urgente y evitar a toda costa todo
lo demás.

Cuarto paso: decir no

Decidir es renunciar y renunciar es decir *no*, una palabra que puede ser tremendamente difícil de pronunciar. Ya sea porque no queremos quedar mal con los otros o con la imagen que nos hemos construido de nosotros mismos, por el temor al rechazo, por no sentirnos culpables… Las razones son muchas, pero el hecho es que es muy difícil negarse.

Y eso es lamentable, porque no saber decir *no* es el enemigo número uno de tu productividad. Cuando no puedes decir que *no* te obligas a entrar en una espiral descendente en la que cada vez tienes que hacer más y más cosas, y, peor aún, la mayoría de ellas ni siquiera tendrán un valor real para ti porque no te acercan un ápice a tus metas y solo las estás haciendo porque ya te comprometiste.

Para aprender a decir *no*, primero debes tener claro tu propósito. Saber hacia dónde vas te permitirá discernir a qué puedes decir *sí* y a qué *no*, y esto constituye uno de los mejores regalos que puedes hacerte a ti mismo.

Teniendo clara la *matriz de la administración del tiempo* de Covey podrás discernir a qué tipo de actividades debes decirles *no*: todas las que no están en el cuadrante III; es decir, todo lo que no es importante.

A propósito, te comparto un método muy sencillo que yo aplico cuando alguien me propone participar en algún proyecto o evento académico. Mido mi nivel de entusiasmo del 1 al 3, donde el 3 representa mi máximo grado de entusiasmo y el 1 representa la emoción que me produce que me practiquen una endodoncia. Cuando alguien me propone algo, si no me produce un entusiasmo grado 3, digo simplemente *no, gracias*, casi siempre sin dar mayor explicación.

Ojo, mi *no, gracias* casi nunca va acompañado de razones, y tú debes hacer lo mismo. No solo se trata de decir que no, sino que ese *no* debe ser contundente, seco, sin excusas ni explicaciones ni remordimientos. Simplemente *no*. Quizá te genere un poco de angustia al principio, pero pronto comenzarás a ver resultados. Para animarte a tus primeros *no*, piensa que, en realidad, siempre le estás diciendo *no* a algo: si no se lo dices a lo urgente y no importante, se lo estás diciendo a lo fundamental. Así que tú decides. ¿A qué quieres decirle *no* y a qué *sí*?

Esta es una labor que tomará tiempo, pero que se volverá más sencilla en la medida en que vayas teniendo más experiencia y conforme puedas ir delegando tareas. Esto es un hábito que debes construir y practicar para siempre.

Elimina de tajo las distracciones

Toma todo el tiempo que estás ocupando en las actividades del cuadrante IV y transfiéreselo al cuadrante III:

- Aléjate de las redes sociales personales.

- Desinstala todas esas aplicaciones inútiles que solo están robando tus datos personales y llenándote de notificaciones. No te hagas, sabes perfecto cuáles son.

• Silencia o, incluso, abandona y elimina los grupos de WhatsApp que no son de trabajo.

A propósito de esto último, estoy seguro de que tus amistades de la prepa o tus parientes lejanos que no ves desde la Navidad de 1994, que se la pasan mandando memes, *stickers*, que no dejan de hablar en contra o a favor del político en turno, sabrán entenderte. Y si no te entienden, ¡con mayor razón salte de esos grupos!

En pocas palabras, identifica y di *no* a todas las actividades que, en silencio y a tus espaldas, te están robando impunemente el tiempo y la productividad.

Incluso, además de tiempo y productividad, estoy seguro de que muchas de esas actividades del cuadrante IV te roban también la tranquilidad. Tan solo como un ejemplo, ¿cómo te sientes después de ver un rato tu TL en Twitter e inundarte de todas esas noticias negativas sobre asesinatos, accidentes, atracos, corrupción, pandemias, quejas y pleitos? Seguro que descansado y tranquilo no. ¿Por qué querrías seguir sintiéndote así?[3]

Ya que tengas identificadas todas esas actividades, simplemente diles: ¡*NO!* Pero tampoco te espantes, no se trata de tomar el hábito como un viejo monje medie-

---

3 Al respecto, te comparto este artículo publicado en *El País*, sobre las redes sociales y la ansiedad: https://cincodias.elpais.com/cincodias/2015/09/11/lifestyle/1441958492_816046.html

val y entregarte al ascetismo, sí habrá tiempo para mirar tu Instagram o facebookear de cuando en cuando. Más adelante veremos cómo hacer eso.

Apaga el celular

De entre todas las cosas no urgentes ni importantes, el móvil merece una mención honorífica, lo cual resulta altamente paradójico, porque una de las razones por las que seguramente decidiste tener un *smartphone* fue porque aumenta tu productividad al permitirte acceder a tu correo, tu Whatsapp, tus archivos en la nube y a muchos más recursos pensados para supuestamente hacerte la vida más fácil.

Supongo que a estas alturas no tengo que decírtelo, todos los que hemos utilizado un *smartphone* sabemos que la realidad es exactamente la contraria: el celular te hace menos eficiente, porque hace que todo se alinee para que termines haciendo lo que es importante para otros y no para ti[4].

Lo que yo hago y que puedes hacer tú también, es poner tu teléfono permanentemente en modo «no molestar» o «nocturno», o como sea que se llame depen-

---

4 El filósofo surcoreano Byung-Chul Han ha definido al *smartphone* como «un objeto narcisista y autista en el que uno no siente a otro, sino ante todo a sí mismo». Puedes leer más sobre su opinión en este artículo: https://tn.com.ar/tecno/novedades/2021/10/10/el-celular-como-peluche-la-vision-de-byung-chul-han-el-filosofo-que-promulga-el-desapego-tecnologico/

diendo del sistema operativo de tu *gadget*. El chiste es que no suene, que no vibre y que la pantalla no se encienda a cada rato. De esta manera, el celular no brincará de repente y cuando se le antoje, dejará de distraerte porque ahora serás tú quien decida en qué momento y con qué fin acudes a él.

Por ejemplo, tengo la costumbre de ver el teléfono a horarios fijos y aprovecho para contestar todos mis mensajes de WhatsApp y Telegram de un tirón. Es algo que he logrado después de mucho esfuerzo y tiempo invertido, porque no es fácil deshacerte de todas esas lucecitas y soniditos que son especial y perversamente diseñados para generarnos adicción.

Lo mismo hago con mis redes sociales que, dicho sea de paso, uso exclusivamente para propósitos profesionales y, por eso, tengo un horario fijo para ellas. Si me sigues en Instagram o Twitter, o si eres mi amigo en Facebook, seguramente te habrás dado cuenta.

Por cierto, ¿cuántas páginas de este libro lograste leer sin mirar tu celular?

Planifica para que no tengas tareas urgentes

Ahora, vamos con todas las tareas de rutina, esas que *tienes* que hacer pero que no necesariamente te acercan a tu meta. La mayoría de esas tareas son fácilmente identificables porque se trata de labores que se repiten con idéntica frecuencia: diarias, semanales, mensuales o anuales; incluso encontrarás algunas que se repiten con frecuencias mayores a un año, como la renovación de tu pasaporte y demás documentos oficiales.

Los trámites de tu automóvil (en México y en varios países de habla hispana, es necesario llevar el auto a un examen de emisiones contaminantes cada semestre), el mantenimiento del mismo auto o del hogar, hacer el súper, pagar tus impuestos, renovar tu licencia de conducir y hasta llevar a los hijos a la escuela son dignos ejemplos de tareas que son de rutina, pero no te acercan a tu meta.

Una vez que las hayas identificado todas, prográmalas para que nunca se conviertan en tareas urgentes, porque en el momento en que lo hagan dejarán de ser pequeñas tareas cotidianas y se convertirán en unos enormes monstruos devoradores de tu tiempo.

Un extra de vaciar todas estas tareas de rutina en tu calendario es que puede ser sumamente tranquilizador. Al dejarlas fijas y anotadas con recordatorios, estás liberando a tu cerebro de la necesidad de recordarlas y así alejas la angustia de tener pendientes revoloteando en tu cabeza todo el tiempo.

IV. Planear desde lo importante

Una vez que ya lograste domar a todo lo que te estorbaba en los cuadrantes II y IV, es momento de enfocarte en lo que te acerca a tus metas. Y para lograrlo hay que ordenarlo, así que lo primero que debes hacer es priorizar tus actividades por grado de importancia.

Haz una lista de esas actividades importantes y asígnales un valor en función de tus metas. Por ejemplo: la tarea que más te acerca a tu meta tendrá un valor de «1», mientras que una tarea que te acerca a tu meta con menos efectividad tendrá un número «2» o «3». Puedes hacer esta lista a mano en papel, en un archivo de Word, una nota de *Keep*, una hoja de Excel o como mejor te acomodes.

Tu lista podría quedar más o menos así:

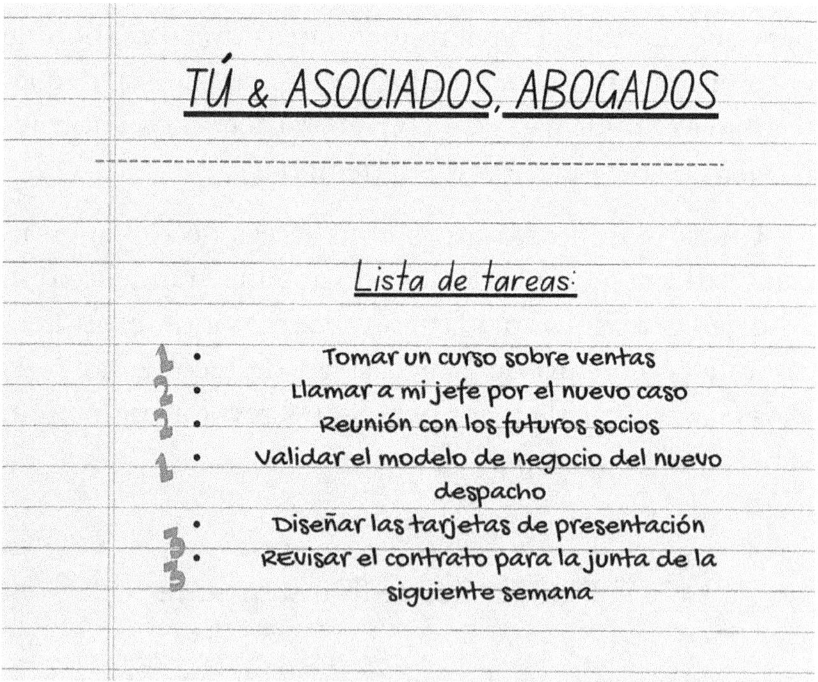

TÚ & ASOCIADOS, ABOGADOS

Lista de tareas:

1. • Tomar un curso sobre ventas
2. • Llamar a mi jefe por el nuevo caso
2. • Reunión con los futuros socios
1. • Validar el modelo de negocio del nuevo despacho
3. • Diseñar las tarjetas de presentación
3. • Revisar el contrato para la junta de la siguiente semana

Imagen 2. Lista de tareas.

Una vez que tengas tu lista, ve a la agenda. Si eres un nostálgico, puede ser una agenda de papel, a la vieja usanza; o, si ya no escribes nada a mano porque lo tuyo es lo digital, puedes usar una agenda electrónica. Hay cientos de opciones en el mercado, todas ellas muy buenas y muchas son gratuitas.

Por ejemplo, yo uso ambas: en una agenta en papel, que tengo a la mano sobre mi escritorio, anoto todos los términos judiciales de mis asuntos de litigio; para todo lo demás, Google Calendar me facilita la vida.

Cuando estés planeando tu semana, siempre dale más tiempo a las tareas de valor «1» y menos tiempo a las tareas de valor «2» y «3». Recuerda que todas las tareas que sobrevivieron y lograron llegar hasta aquí son importantes, pero unas te acercarán a tu meta más rápido. Por eso es importante que unas tengan más tiempo asignado. Procura:

- Acomodar tus tareas por bloques. Por ejemplo: un bloque de ventas en el que llamarás a clientes, a prospectos, buscarás nuevas oportunidades de negocio, etcétera; un bloque de trabajo profundo en el que ubicarás tus tareas operativas: redacción de un contrato, diseño de una estrategia legal o la revisión de la demanda que se va a presentar la siguiente semana.

- Dejar espacios «muertos» o «en blanco» entre bloques. Esto te permitirá tener momentos de descanso y que tu planeación tenga un cierto grado de flexibilidad.

Para que te resulte más fácil vislumbrar cómo debería verse tu propio calendario, te voy a dar un ejemplo real y de algo que es muy valioso para mí: este que ves aquí es mi propio calendario. Así es como tengo organizadas mis semanas:

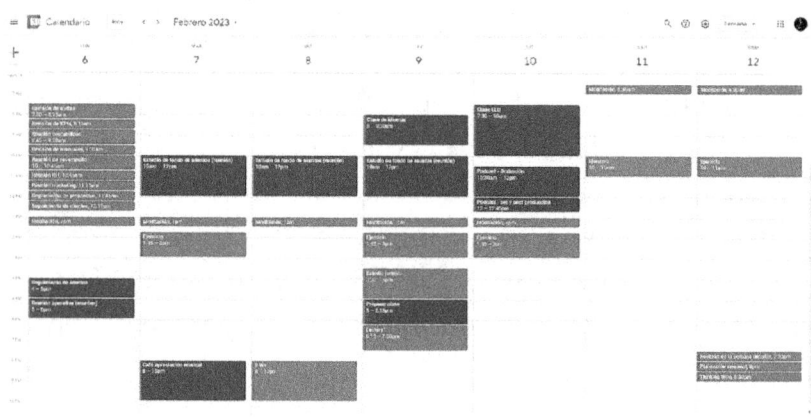

Imagen 3. Calendario por bloques.

Como puedes ver, mi calendario está organizado por bloques, dando prioridad a las tareas importantes pero no urgentes. Vamos a analizar la forma en que está organizada una semana típica mía.

Tengo unos lunes bastante pesados. Comienzo la semana con la revisión de las metas, tanto personales como del despacho porque, como veremos en el capítulo siguiente, unas y otras van de la mano.

Luego reviso los indicadores de desempeño de mi despacho, o *KPI*, que también están íntimamente vinculados con las metas y por eso van inmediatamente después.

Sigue una junta con mi contador, porque lo importante de todo son los números: cuánto dinero entra, cuánto sale y por qué. Al final de cuentas, de eso se trata todo esto, ¿o no?

Estas tres tareas van juntas porque están vinculadas una con otra. Así que la mejor manera de aprovechar el tiempo es hilarlas.

Luego siguen tareas relacionadas con la automatización y el desempeño de mi despacho: revisión de manuales de operación y una reunión de desempeño con mi equipo y después con el responsable de recursos humanos.

Luego, todo lo relacionado al *marketing* y las ventas: una reunión con los responsables del área y llamadas de seguimiento a prospectos y a clientes recurrentes.

Como puedes ver, los lunes están orientados a que yo trabaje *por* mi despacho y no *para* mi despacho.

Los miércoles, en cambio, son días más tranquilos. Me conozco y sé que necesito algo de aire libre a mitad de semana si no quiero que mi rendimiento baje los jueves y viernes.

Ah, y algo que para mí es sumamente importante de ese respiro a mitad de semana, que resulta fundamental en mi vida: tengo un tiempo exclusivo para estar con mi esposa. No es el único momento que paso con ella en la semana, pero sí es de los más importantes, tanto que está marcado en la agenda. Yo le llamo la noche de las tres *Ws: «wife & wine Wednesday»*: noche de miércoles en la que me tomo una copa de vino mientras platico con mi esposa de nosotros, nuestras metas individuales, como pareja y como familia, cómo van los niños y un etcétera que nunca termina.

Los jueves son días orientados al estudio: tengo mi clase de idiomas, mi círculo de lectura y preparo las clases que impartiré en la Escuela Libre de Derecho donde soy maestro (que son los viernes por la mañana) y leo las jurisprudencias que se publicaron en el *Semanario Judicial* la semana anterior y que alguien de mi equipo ya seleccionó por mí. Al final, ya que estoy en el *mood* estudioso, aprovecho para leer. Estas dos horas diarias de lectura son las que me permiten leer alrededor de tres o cuatro libros por mes.

Los viernes, en cambio, son días en los que aprovecho la tranquilidad de la oficina: además de que imparto mi clase sin interrupciones, dedico la tarde a grabar los capítulos de mi *podcast Secreto Profesional*, al que aprovecho en este momento para invitarte a que te suscribas[5].

Como podrás notar, tengo tiempo agendado para hacer ejercicio, meditar y estar con la familia y los amigos, ¡eso también es productividad!

---

5 Encontrarás el link a la plataforma de podcast que utilices en mi blog personal: gibranmiguel.com/SecretoProfesional

Además, al tener un espacio reservado para estas actividades en mi calendario, se convierten en auténticos compromisos conmigo mismo. Así que, si quieres tener una llamada o una reunión conmigo, supongamos, a la una de la tarde de los miércoles, es muy posible que te diga que ya tengo otro compromiso, ¡y es verdad! Es un compromiso conmigo mismo.

Ahora mira mi domingo. Imagina esto: son las ocho de la noche, la casa está en silencio, el vecindario entero está tranquilo, los niños duermen y mi esposa y yo recién terminamos de cenar… Es un momento perfecto para dedicar una hora —solo una basta— para revisar cómo estuvo la semana y planear la siguiente.

Sí, hay que planear el momento de la planeación. Hay un dicho que dice más o menos así: *fallar en la planeación es planear para fallar.* Así que debes planear tu planeación.

Esta es una «semana tipo» en mi calendario y, como podrás darte cuenta, está llena de puras actividades del cuadrante III.

Notarás también que te mostré —a propósito— una semana del futuro, porque ya todas mis semanas tienen esa estructura.

Verás, finalmente, que los bloques de color rojo son *lo más importante* para mí.

Ahora mira una de mis semanas pasadas, para que veas cómo se llena de actividades específicas (casi todas pertenecientes al cuadrante I), y cómo el calendario tiene un cierto grado de flexibilidad:

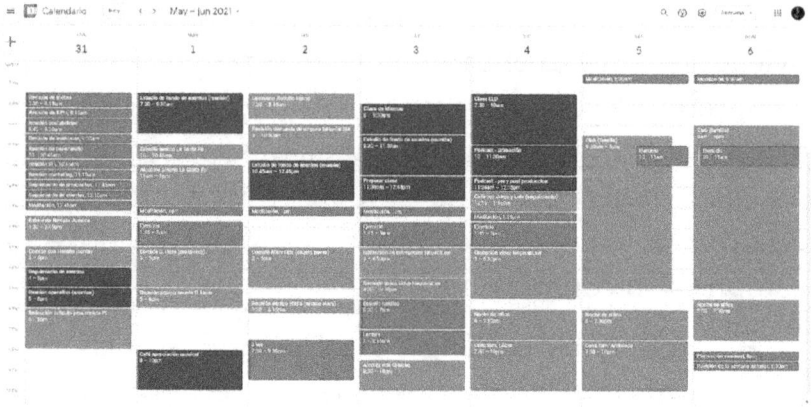

Imagen 4. Calendario por bloques de una semana «real».

Esta es una semana «real». Así fue vivida y así quedó mi calendario después de que terminó. Notarás varias cosas:

- Lo *importante* permaneció, pero como el calendario es algo flexible, hubo algunas ligeras modificaciones al momento en que realicé esas tareas.

- Mira también cómo, a pesar de la flexibilidad, los bloques se mantienen, porque sigo agendando mis compromisos de manera que se relacionen unos con otros (aunque no siempre se puede, lo sé).

- Por ejemplo, el sábado y el domingo la pasé en el club con mi familia y aproveché para escaparme al gimnasio mientras mi esposa se quedaba con los niños (y luego invertimos los papeles, aunque eso ya no lo anoté).

- Finalmente, verás que quedaron algunos espacios en blanco, vacíos.

Recuerda que estos espacios en blanco (o vacíos) que van quedando son importantes porque representan un *break* en tus actividades diarias, algo muy necesario para mantener tus niveles de productividad. Aquí es donde puedes regalarte un rato para mirar tus redes sociales, reírte con los memes que te mandaron, contestar mensajes no importantes, hacer algún *sticker*, etcétera.

V. Tu propio calendario

Ahora armemos tu propio calendario. Supongamos que actualmente trabajas para otro abogado o para otro despacho, o bien que estás estudiando la carrera de Derecho y al mismo tiempo estás dedicando tiempo para leer y estudiar este libro porque ya decidiste emprender tu propio proyecto.

En tal caso, tu calendario podría quedar más o menos así:

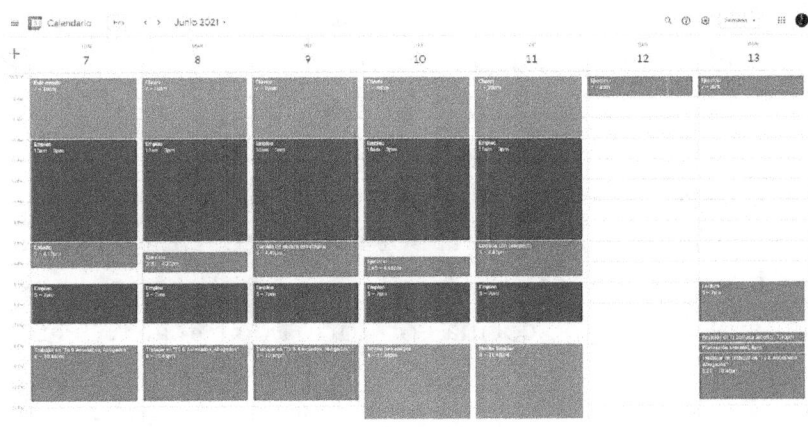

Imagen 5. Crea tu propio calendario por bloques.

Como puedes ver, este calendario contempla tus clases, si es que continúas en la universidad o estás tomando algún diplomado; es decir, es una planeación que asume que trabajas en los horarios habituales de los estudiantes de derecho y que dedicas el tiempo restante a «Tú & Asociados, Abogados». Esto es un ejemplo, claro está.

> *Nada está escrito en piedra y obviamente puedes ir ajustando el calendario según tus necesidades, tu forma de ser y las exigencias de tu familia o de tus jefes.*

La técnica del pomodoro o cómo sobrevivir a un calendario apretado

Una técnica básica de administración del tiempo es la del *pomodoro* o tomate (o jitomate, como decimos acá en México). Fue desarrollada por Francesco Cirillo a finales de la década de los 80 y le puso ese nombre porque usó un cronómetro de cocina con forma de tomate[6]. Seguro

---

6 Tiene un libro escrito sobre este método, titulado sencillamente así: *La técnica pomodoro*. Planeta, 2020.

los has visto: algunos traen un imán para pegarlos en el refrigerador, los hay sencillos y muy sofisticados[7].

La técnica es tan simple, que te sorprenderá que algo tan sencillo funcione tan bien: programa algún reloj o cronómetro para que suene dentro de, digamos, cuarenta y cinco minutos. Que no sea tu celular: ese lo apagaste hace varias páginas. O bueno, si no tienes de otra, prográmalo de tal forma que la alarma sea la única notificación que le permitas.

Una vez que empiece la cuenta regresiva, comienza a trabajar sin descanso ni distracciones de ningún tipo; nada de pararte a servirte un vaso de agua ni de echarle un ojo rapidísimo al WhatsApp ni nada por el estilo. El chiste es que te concentres completamente en la tarea que estés realizando. No es tan difícil, solo serán tres cuartos de hora.

A su término, regálate, digamos, quince minutos de descanso. Ahora sí, puedes salir a estirar las piernas, mirar tus redes sociales, contestar mensajes, hacer llamadas que no son de trabajo y, si haces *home office*, acariciar al perro o hasta dormir una microsiesta. Lo que tú quieras, es tu descanso y te lo mereces. Al término de esos quince minutos, vuelve a la carga por otros cuarenta y cinco minutos y así sucesivamente.

Por ejemplo, tengo un cronómetro con forma de cerradura de combinación secuencial, de esas que usan las

---

7 Si por casualidad quieres comprarte uno, aquí lo tienes: https://amzn.to/3wzseWj

cajas fuertes de las películas. Lo uso para trabajar por períodos de cincuenta minutos alternados con diez de descanso; luego de cuatro ciclos ininterrumpidos procuro tener un descanso más largo, de entre treinta y cuarenta minutos, al término del cual vuelvo a la carga por uno o dos ciclos más, de manera que al finalizar el día termino exhausto, pero feliz y satisfecho.

En mis espacios de descanso duermo una siesta, escucho música, salgo a caminar o le llamo por teléfono a mi esposa. También, no te voy a mentir, veo vídeos en YouTube sobre música o fotografía (mis pasatiempos) y casi siempre se me atraviesan dos o tres memes en mis grupos de WhatsApp. Como puedes ver, no se trata de que te conviertas en una máquina de trabajar, sino en un ser humano ordenado y responsable, y, por ende, productivo.

Tres reflexiones finales

Ve cómo quedó tu calendario tipo y tenlo presente. Te acompañará de ahora en adelante y poco a poco podrás irlo ajustando. También puedes ir ajustando tus tiempos en el cronómetro. Tal vez empezar con periodos de cincuenta minutos requiere más concentración de la que puedes lograr; en ese caso, puedes reducir el tiempo de los ciclos o, si sientes que se te fue en un suspiro, puedes aumentar el tiempo. ¿Cómo te sientes mejor: trabajando por ciclos de cuarenta y cinco por quince minutos, o de cincuenta por diez, o de noventa por treinta? Experimenta y mide constantemente qué te funciona mejor hasta que alcances un nivel de trabajo en que logres la productividad sin saturarte.

Ahora, una vez que ya revisamos estos recursos y trucos útiles para sacarle provecho a tu tiempo, es importante que hagas tres reflexiones finales que serán sumamente importantes para tu desarrollo personal y profesional:

El *multitasking* no existe

Una de las ideas centrales detrás de hacer este calendario y de usar el pomodoro, es que tus tareas se organicen por bloques de tiempo, de manera que nunca —pero de verdad nunca— se te ocurra hacer más de una cosa a la vez. Es decir, que evites a toda costa el famoso *multitasking*.

Todos hemos oído hablar de él, es como se le llama a la supuesta capacidad de hacer más de una actividad a la vez. Es más, es una característica muy socorrida en las sociedades actuales y hasta resulta que es bien vista. Me ha tocado escuchar esa falacia de que las mujeres sí pueden hacerlo y los hombres no, y ver a más de uno muy orgulloso de su «capacidad» para hacer «mil cosas» a la vez. Quién soy yo para poncharles su orgullo. Pero a ti sí te quiero decir las cosas como son: el *multitasking* es, en realidad, la mejor y más efectiva manera de echar a perder más de una cosa a la vez.

Cuando estás trabajando en «modo multitarea» no estás haciendo varias cosas a la vez, sino que estás dividiendo tu atención entre dos o más actividades (o, más bien, estás poniendo a *competir* a varias actividades entre ellas por tu atención), mientras que tu enfoque va brincando entre una labor y otra.

Puede ser que esto te genere la ilusión de que estás siendo más productivo, que estás aprovechando tu tiempo, que tienes todo bajo control y que eres un maestro de la efectividad, pero no. Lo único que estás logrando es tener tu atención dividida, lo que, inevitablemente, te va a llevar a resultados más pobres con una mayor inversión de tiempo.

Podrás decirme que esto es falso, que los seres humanos sí podemos hacer dos cosas a la vez o que cómo digo que el *multitasking* es imposible si puedes caminar y hablar por teléfono al mismo tiempo, o que puedes cantar a todo pulmón una canción que salió en el radio mientras le subes el volumen y manejas tu automóvil…

Y sí, en esos casos, puede que tengas razón, pero lo cierto es que, aunque puedes llevar a cabo esas actividades (no sin riesgo de tropezarte en la calle o pegarle al carro de enfrente por estar muy metido en tu concierto), lo que no podemos hacer es *concentrarnos* en dos cosas al mismo tiempo.

Y tú lo que necesitas es justamente eso: concentración. Piensa que tu trabajo es como el de un cirujano y que todas tus actividades relacionadas con tu meta son un poco como hacer una cirugía a corazón abierto. ¿Has visto cómo se concentran los médicos cuando hacen cirugías complicadas? A veces hasta tienen que secarles el sudor de la frente porque no pueden compartir su atención con nada que no sea el procedimiento.

Tú no eres un cirujano, pero si le das valor a tu trabajo y a tus proyectos, es importante dedicar toda tu atención en hacer una sola cosa cada vez. Esta es la llave que te permitirá acceder al mundo de la alta productividad. El hacer más cosas, dentro de tu paquete de veinticuatro horas por cada día de vida.

Ningún bloque es más o menos importante

Ya eliminaste de tu calendario todas las tareas no urgentes ni importantes, de manera que lo que tienes asentado en tu calendario es una selección de todas las actividades que sí te acercan a tu finalidad. Eso significa que ninguna de esas tareas que aparecen frente a ti es menos importante que las demás. No las elimines ni las reduzcas porque, acuérdate de que, lo que aplazamos, tarde o temprano crece y se convierte en ese monstruo al que llamamos tarea urgente.

De igual forma, si actualmente trabajas para alguien más, puede parecerte tentador «robarle» tiempo a tu trabajo para dedicarlo a tu proyecto de construir tu despacho, pero este es el peor error que puedes cometer. La persona que te emplea te paga por trabajar para ella y lo justo es que le retribuyas con tu esfuerzo al 100%. Es más, es tu deber y responsabilidad, frente a ti y tus jefes, convertirte en una pieza clave dentro de tu centro de trabajo[8].

Si te organizas bien, puedes fundar «Tú & Asociados, Abogados» sin descuidar tus demás roles. Eso sí, no te puedo asegurar que tus suscripciones a *Netflix* y a *Disney+* no sufrirán por tu abandono.

Falta lo más difícil

Para terminar, tengo que serte muy sincero.

Armar tu calendario fue complicado y laborioso, yo lo sé. Y lo peor es que, hasta ahorita, solo has hecho el prototipo, porque ese calendario se irá ajustando poco a poco y todavía le falta algún camino para ser el definitivo. Pero aún te falta lo más difícil.

Esto no termina cuando por fin planeas el último bloque y te quedas con un calendario perfecto. El gran reto (y aquí está el punto en el que muchos fracasan) consiste en apegarte a ese calendario. Es difícil porque requiere constancia y disciplina, pero te prometo que los resultados valdrán la pena.

---

8 En un e-book gratuito que tengo para ti, sobre los errores más comunes que cometemos los abogados al momento de fundar nuestro despacho, trato este tema con más profundidad. No dejes de descargarlo aquí: https://gibranmiguel.com/libros-para-vivir-del-derecho/

CAPÍTULO 2
TU NEGOCIO ES TU REFLEJO

I. ¿Quién funda un despacho de abogados?

Los negocios tienen personalidad y la personalidad de un negocio es siempre un espejo de la de quienes lo lideran. Si lo lideran personas ordenadas, el negocio también lo será; si les gusta competir, el negocio tenderá a ser igualmente competitivo... Por el contrario, si quien lidera es una persona caótica, sin control, orden ni claridad, el negocio va a tener muchos problemas ocasionados por la falta de metas o por no seguir procesos previamente definidos.

Desde luego, un despacho de abogados no es la excepción. Por ello, antes de que comencemos a trabajar por «Tú & Asociados, Abogados», tenemos que trabajar con algo todavía más importante. Tenemos que trabajar en ti.

> *La clave más importante para evolucionar y prosperar como abogada o abogado es tu propia mentalidad.*

Y si ya levantaste la ceja con escepticismo, déjame decirte que yo lo sé: hablar de mentalidad es un concepto sumamente vago y puede abarcar muchos aspectos de tu vida y de tu manera de ser. Sé que, en cuanto se toca el tema, empieza a sonar como un discurso de autoayuda o motivación, pero, dame tu confianza: no lo es. Como te dije hace varias páginas, yo no soy motivador, *coach* ni gurú de nada. Yo soy un profesor y, como tal, soy esquemático y directo. Me gusta seccionar los conceptos complejos en ideas más sencillas y luego encontrar la mejor manera de explicarlas.

Así que, para no hablarte de cosas abstractas e intangibles sacadas de los *Best Sellers* de la autosuperación, voy a ser muy concreto. Cuando te digo que tenemos que trabajar en tu mentalidad, me refiero a tres habilidades en particular que tendrás que desarrollar:

1. La habilidad para gestionar tus miedos.

2. La habilidad para diferenciar entre liderazgo, dirección y operación.

3. La habilidad para mantener tu mente enfocada en tu meta.

Por desgracia, nadie nace con estas destrezas instaladas de fábrica. Más bien requieren tiempo para irlas desarrollando y, para ello, necesitas crear el hábito de ponerlas siempre en práctica. Ten en cuenta también que el desarrollo de facultades como estas nunca termina, ¡siempre puedes ser un poco mejor en lo que haces y en la manera en que lo haces!

Para darte un ejemplo, te voy a contar una anécdota que me gusta de un músico a quien admiro y del que puedes encontrar un montón de información en internet: el legendario violonchelista español Pau Casals. Bueno, la historia va más o menos así. Pau Casals rondaba los ochenta años y era considerado uno de los más grandes virtuosos del instrumento, a lo largo de su carrera se había ganado el cariño de los amantes de la música clásica. Era mundialmente famoso, pues contaba con una discografía inmensa y una cantidad innumerable de conciertos y giras por todos los cinco continentes[9]. Y un día, en una entrevista para un documental biográfico,

---

9   Tan solo para que te des una idea más completa de quién es este gigante de la música, puedes echar un vistazo al sitio *web* de la fundación que lleva su nombre: https://www.paucasals.org/

dijo que todos los días practicaba con su violoncello por seis horas. Robert Snyder, el director del documental, entre extrañado e interesado por la posible respuesta, preguntó por qué seguía practicando tanto, si ya era el mejor violonchelista del mundo. Casals contestó: *porque creo que estoy mejorando*[10].

Considero que esta anécdota ilustra de la mejor manera posible que todas nuestras habilidades (incluso aquellas que consideramos que nos definen porque constituyen aquello en lo que somos los mejores) requieren mucha práctica constante. Y estas tres habilidades de las que estoy hablando ahora no son la excepción.

Desde luego, hay muchos más aspectos de tu mentalidad en los que puedes trabajar y mejorar, como Pau Casals con su técnica musical. Para eso hay muchísimos recursos tanto en línea como en el mundo real que te pueden ayudar. Por ejemplo, en el curso *Emprende Derecho* que he desarrollado, incluyo una lista de 10 libros que tienes que leer para continuar trabajando en ti y convertirte en una empresaria o un empresario de verdad. Y para que te lleves algo más de valor, también los encontrarás aquí, al final de este libro.

Por lo pronto, empecemos por lo esencial y pongamos manos a la obra con las tres habilidades que te propongo desarrollar.

---

10   Esta anécdota en particular la puedes encontrar en la página de la American Harp Society, en https://www.harpsociety.org/news/SummFest

II. Gestión del miedo

Muy pronto en tu camino, quizá incluso antes de que decidas fundar tu despacho de abogados, aparecerá el miedo. El miedo será uno de los primeros sentimientos a los que te vas a enfrentar y adoptará muchas formas.

A veces, el miedo se disfraza de una voz interior que te repite constantemente que lo que pretendes hacer es tan difícil que solo los abogados famosos y grandes que salen en las portadas de *Abogacía* o *El Mundo del Abogado* lo pueden hacer. Quizá esa vocecilla te diga que estás muy joven o viejo para poner un despacho de abogados.

También puede ser que el disfraz que use sea el de mamá, papá o un tío que te diga que es mejor y más seguro que sigas tu carrera como abogado dentro de una firma que ya está constituida y respaldada por una tradición de varias generaciones…

En fin, bajo una u otra apariencia, el miedo va a aparecer y te va a acompañar durante buena parte del camino. No lo subestimes: es un sentimiento tan fuerte que es capaz de paralizarte. Cualquier persona puede dejar de actuar y quedarse congelada tan solo de pensar en no tener con qué pagarles a los proveedores o a los empleados cuando llegue el fin de mes o, peor aún, no poder proveer de sustento a quienes dependen de ella o él.

La sola posibilidad de fracasar en el intento puede ser suficiente para dejar de actuar y quedarnos en el lugar que ya tenemos asegurado (o que creemos tener seguro). Y esta es justo la razón por la que muchas personas prefieren ser empleadas en lugar de lanzar su propia firma de abogados. Prefieren vivir con la sensación de seguridad que da recibir un depósito quincenal, en lugar de enfrentarse al miedo que les da el signo de interrogación imponiéndose sobre el signo de dinero en su cartera a fin de mes.

No te quiero abrumar demasiado con mi propia experiencia, pero ya te podrás imaginar cuánto miedo sentí cuando decidí independizarme y dar el primer paso. Cuando lo hice, era un hombre casado y con dos hijos en preescolar. Aun así, me atreví sin saber que, tan solo seis meses después, vendría una pandemia de proporciones bíblicas que frenó la economía del país y del mundo, y que obligó a las autoridades a cerrar los tribunales.

Afortunadamente, a pesar del miedo y la incertidumbre, decidí seguir y mi negocio, en el sector legal, sobrevivió y está creciendo.

Miedo genético y miedo cultural

El miedo va a llegar, es natural y no podemos hacer nada para evitarlo. Sin embargo, podemos hacer que cuando el miedo nos muerda, su mordida no nos paralice y, para eso, como con otras bestias peligrosas, debemos saber cómo manejarlo.

Quiero detenerme y hacer énfasis en este punto porque muchas personas con las que platico de estos temas suelen preguntarme cómo *vencer* el miedo de fundar un despacho. Y mi respuesta siempre es la misma: no se trata de *vencer* el miedo, sino de *gestionarlo*. La clave se encuentra en aceptar y hasta agradecer que este sentimiento existe y nos acompaña.

Hace tiempo leí una frase que me parece muy lógica y en ocasiones se le atribuye a Sigmund Freud: *El miedo es como un huésped indeseable que no sale de casa, por lo que hay que fingir que es un amigo.* Sea de Freud o no, la frase tiene razón. El miedo es un sentimiento muy humano que nos acompaña siempre y que no podemos evitar. Y está muy bien que no podamos evitarlo porque tiene una función muy concreta: evitar nuestro sufrimiento.

Fue nuestra capacidad de sentir miedo como especie lo que nos detuvo, muchas veces en el largo proceso de la evolución, de correr una gran cantidad de riesgos que no están directamente orientados a nuestra supervivencia (o sea, riesgos que nuestro cerebro califica como innecesarios). Quizá hoy en día no le encontremos demasiada utilidad a esto de sentir miedo, pero en la sabana africana de hace doscientos mil años[11], sí que era útil no correr más riesgos de los estrictamente indispensables para conseguir algo de agua y alimento.

---

11   Como buen abogado que soy, no tengo datos sacados de la manga. Este lo obtuve de este artículo publicado en *National Geographic*: https://www.nationalgeographicla.com/historia/2022/12/cual-es-el-origen-de-la-humanidad-segun-la-ciencia#:~:text=La%20hip%C3%B3tesis%20cient%C3%ADfica%20actualmente%20m%C3%A1s,evolutivo%20de%20millones%20de%20a%C3%B1os

Y esto me lleva a hablar de los dos tipos de miedo que existen, cada uno con un origen claramente diferenciado del otro: el miedo genético y el miedo cultural.

El miedo genético

El primer tipo de miedo es un mecanismo de nuestro cuerpo que se detona como respuesta a los peligros de la naturaleza. Se trata de una serie de reacciones físicas a un estímulo muy concreto: algún animal, un incendio, etcétera. Este miedo forma parte de nosotros desde que nacemos, lo tenemos escrito en nuestros genes y en nuestra identidad como especie.

Piensa por ejemplo en dos neandertales. Imagina que este par de tatarabuelos de la humanidad se encuentran una noche al interior de una cueva para refugiarse del frío y de la intemperie. Deciden encender una fogata para sacarle provecho al fuego que recientemente han aprendido a dominar. De repente, en medio de la noche se escucha un sonido que viene de ahí mismo, de adentro de la cueva, y antes de que logren procesar el ruido, de entre las piedras de la cueva aparece un escorpión prehistórico gigante, de un lustroso pero amenazador color negro y que apunta su desafiante y venenoso aguijón hacia los dos trogloditas que, hasta hace unos instantes, contemplaban tranquilos la pequeña hoguera que tenían en frente.

Ante la enorme criatura, uno de estos dos hombres de las cavernas reacciona instintivamente —es decir, con miedo—, su pulso se acelera y su temperatura corporal se eleva, su cuerpo se llena de adrenalina y toda su sangre se concentra en las piernas. Todo esto con una finalidad muy sencilla: su cuerpo está preparado y canalizando toda su energía para salir corriendo de la cueva al ver a aquel animal terrible. El otro neandertal, en cambio, mira fijamente al escorpión y piensa: *¡Oh, pero qué bonito animal!, ¿qué se sentirá tocarlo? ¿Y qué será esa cosita filosa que se encuentra al final de su colita?*

No hace falta seguir el relato, ¿verdad? Ya te imaginarás cuál de los dos neandertales sobrevivió al inesperado encuentro y cuál no. El hombre que sintió miedo y salió de la cueva sin pensar en lo que hacía tuvo la oportunidad de subsistir y reproducirse, transmitiendo sus temerosos pero efectivos genes hasta nuestros días, mientras que el cavernario valiente y curioso ya no presenció el siguiente amanecer.

Como ves, este tipo de miedo nos acompaña desde siempre y es imposible, y hasta contraproducente, tratar de combatirlo, así que no vale mucho la pena que nos metamos a estudiarlo ni que trates de vencerlo.

El miedo cultural

En cambio, existe otro tipo de miedo que tiene un origen cultural; es decir, es aprendido. Se trata de todos los temores que nos han inculcado desde que nacimos, casi siempre con buena intención, y que hemos ido aprendiendo por el solo hecho de pertenecer a la sociedad y a los grupos sociales en los que nos desenvolvemos.

Todo comienza con el típico *¡bájate de ahí que te vas a lastimar!* que a todos nos dijeron más de una vez mientras estábamos en medio de una intrépida aventura en nuestra niñez. A partir de ahí, buena parte de la formación y la instrucción que recibimos se compuso de miedo, porque a aquella frase le siguieron otras como *¿por qué no mejor buscas un trabajo para que tengas seguro un sueldo?* o *si pides este aumento van a pensar que estás allí por el dinero* (¡como si trabajar por dinero fuera algo malo!).

Una de mis películas favoritas es *El padrino III*. Casi al principio, hay una escena en la que Michael Corleone le dice a su hijo Anthony que estudiar Derecho es como contratar una póliza de seguro, porque siempre hay empleo para un abogado. Pues bien, en esa escena, don Corleone está pensando desde el miedo cultural; tiene temor de que su hijo no tenga éxito como cantante de ópera y no logre encontrar el sustento.

Por cierto, la película fue estrenada hace más de treinta años y quizá entonces estudiar Derecho era una póliza de seguro; pero ahora don Michael Corleone no podría estar tan seguro de que alguien que estudie Derecho encontrará trabajo bien remunerado con facilidad. Sin temor a equivocarme, te puedo decir que eso es completamente falso en el mundo de hoy. El mundo laboral de la abogacía está tan competido que quizá, en una de esas, en el presente Anthony Corleone tendría más oportunidades como cantante de ópera. Pero, a ver, no dejes que este dato se te vuelva un miedo: por eso estamos aquí, trabajando para que logres abrir tu despacho con éxito en medio de este mundo competido.

En fin, como te decía, con toda esa colección de frases con las que nos formaron y que hemos escuchado en labios de nuestros maestros, padres, amigos, parejas y absolutamente todo el mundo, surgen después los temores a quedarte sin empleo, te corten la luz o no tengas para pagar la renta, la angustia de que repruebes un examen o que cometas un error terrible que arruine tu carrera. Ya sabes, todas esas cosas que al cerebro le gusta repasar antes de irte a dormir y que no son más que claros ejemplos de miedo cultural.

Este segundo tipo de miedo, a diferencia del genético, sí puede encararse y vencerse; para ello necesitarías ir en contra del entorno sociocultural que lo alimenta. Como te podrás imaginar, eso implica invertir cantidades enormes de tiempo y energía, dos recursos que nadie de nosotros tiene de sobra, por lo que nos encontramos frente a una batalla que desde el inicio se encuentra a todas luces completamente perdida.

Por eso, lo que debemos hacer con este segundo miedo no es comenzar el arduo y accidentado periplo para tratar de *vencerlo* desde sus más profundas raíces, sino *gestionarlo*. Aceptar que va a estar siempre junto a nosotros y actuar a pesar de su presencia. Dicho en otras palabras: tenemos que evitar que el miedo nos detenga.

Para ello basta comprender algo que quizá suene demasiado romántico, pero que es verdad: el miedo es el hermano de la esperanza.

Sí, leíste bien, el miedo es el hermano de la esperanza. Ambos son sentimientos frente a situaciones o hechos que podrían ocurrir en el futuro. La única diferencia es que la esperanza es un sentimiento *positivo*, en tanto que el miedo es un sentimiento *negativo*, respecto de lo que aún no ocurre. Y eso es importante: hay que tratar de ver también el otro lado de la medalla.

Tres miedos concretos que deberás aceptar y controlar

He identificado que hay tres miedos culturales en concreto que son los más comunes al momento de querer iniciar un negocio y que se mantienen durante todo o una muy buena parte del proceso de iniciar tu propia firma de abogados.

Según mi propia experiencia, estos tres miedos pueden aparecer todos juntos, al mismo tiempo; aunque, a veces, irán presentándose uno después del otro, en un orden más bien caprichoso y que dependerá única y exclusivamente de ti; o también puede ser que se vayan turnando para realizar de manera alternada su trabajo (que, recordemos, es evitarte algún sufrimiento), y te visitarán con más o con menos frecuencia.

Como no podemos prevenir cómo aparecerán estos miedos ni en qué momento exacto llegarán, es importante que te convenzas de que la gestión del miedo es una habilidad que puedes adquirir y que deberás ir afinando con la práctica paulatina. Si lo haces con constancia, notarás que cada uno de estos miedos culturales irán perdiendo fuerza y presencia; se irán haciendo cada vez menos importantes, encogiéndose y dejando de parecer criaturas terribles, en la medida en que los resultados vayan apareciendo frente a ti.

Miedo a salir de la zona de confort

Lo que vas a comenzar es una auténtica aventura. Y como toda aventura, trae consigo riesgos: renunciar a la idea de tener un trabajo estable, abandonar la aparente comodidad de un ingreso fijo, olvidarte del posible prestigio que te da pertenecer a una firma de abogados internacional o de renombre. Te va a tocar renunciar a una serie de conceptos que te mantienen anclado a tu vida actual y que la hacen más o menos confortable. Vas a tener que dejar ir muchas o todas las comodidades que te hacen estar a gusto con la vida que tienes.

En mi caso, renuncié a todo: trabajo estable con ingreso quincenal en uno de los despachos de mayor fama en México. Cuando renuncié para emprender, me encontraba en un momento en que la única molestia que existía en mi vida era la necesidad de atravesar la ciudad todos los días para ir a trabajar.

Entonces, ¿por qué tomé esa decisión si todo en mi vida era perfecto? Por una razón muy sencilla: me di cuenta de que todo era perfecto en la vida que tenía en ese momento, pero el precio que estaba pagando por esa comodidad era muy alto: estaba renunciando a mi posibilidad de progresar profesionalmente.

Miedo a no saber

A veces, durante el proceso de emprendimiento te va a invadir una sensación que puede ser incómoda y aterradora: la sensación de que no sabes nada del mundo de los negocios.

Eso hará que te sientas incapaz de montar tu propio despacho o de asumir más responsabilidades que las que ya tienes en la universidad o en tu empleo actual.

No te juzgo. Yo soy el primero en levantar la mano cuando se trata de miedo a no saber. Soy de esas personas que les encanta mostrarse expertas en lo que hacen y que —por miedo, inseguridad o simplemente por ego— no toleran que exista la más mínima posibilidad de equivocarse. Por eso estudio, leo y releo tanto como puedo de cada cosa que quiero hacer, aunque la mayoría de las ocasiones no es necesario.

Síndrome del impostor

Muchos abogados sufren de esto. Consiste en dudar de tus talentos, lo que te genera el temor de que, tarde o temprano, la gente descubra que todo lo que haces carece de una base sólida y que solo es cuestión de tiempo para que las circunstancias te desenmascaren como un fraude (aunque sabemos que tú no eres un fraude, al contrario).

Aquí hay otra confesión que debo hacerte. El síndrome del impostor me acompaña todos los días de mi vida, en casi cada actividad profesional: cuando estoy estudiando algún nuevo asunto, cuando reviso una demanda que vamos a presentar, cuando preparo mis clases y ¡al momento de escribir esto! Siempre hay una vocecilla molesta dentro de mi cabeza que me dice que yo no soy la persona indicada para hacerlo.

Con el tiempo he aprendido que lo más sencillo es ignorar esa voz y simplemente pasar a la acción.

Que el miedo no te paralice

Para gestionar estos tres miedos concretos necesitas recordar lo que te dije anteriormente: el miedo es el reverso de la medalla de la esperanza. También debes de generar un *set* de modelos mentales eficaces, entender que no es necesario saberlo todo y aceptar que la experiencia es benéfica, pero no indispensable, y que se va construyendo de a poquito. No saber no es malo si lo reconocemos y nos movemos hacia cambiarlo.

Modelos mentales eficaces

Como te dije antes, no es necesario saberlo todo. Nadie lo sabe todo. El chiste está en conocer y dominar los principios básicos de cómo funcionan los negocios. Estos conocimientos torales o básicos te ayudarán a construir los «modelos mentales» que te permitirán avanzar más y a mayor velocidad.

Pero ¿de qué diablos estoy hablando cuando hablo de «modelos mentales»? Los modelos mentales son preconcepciones que representan nuestra manera de entender cómo funcionan las cosas. Son, digamos, atajos que le ayudan al cerebro a utilizar menos recursos cada vez que recibe los estímulos que nuestros sentidos le envían.

Por ejemplo: imagina que estás conduciendo un automóvil y pisas el pedal del acelerador. ¿Qué esperas que ocurra? Si el auto no aumenta su velocidad o si, por el contrario, la disminuye, te sorprenderías porque se supone que pisar ese pedal sirve para ir más rápido. La idea contenida en el enunciado «pisar el pedal del acelerador sirve para ir más rápido» es un modelo mental.

A veces, algunos de estos modelos mentales toman forma de frase célebre, lo que los vuelve muy populares, pero no por ello menos veraces. Uno de estos modelos mentales que me encanta usar es la famosa navaja de

Ockham: «en igualdad de condiciones, la explicación más sencilla suele ser la más probable»[12].

Imagina que te pusiste tu pijama favorita, te preparaste un platón gigante de palomitas y te acabas de acurrucar frente a tu televisión porque te espera una tarde de series en HBO Max. Tomas el control remoto, lo apuntas al frente, aprietas el botón rojo de encendido y... nada, negro, vacío. Simplemente no ocurre nada. ¿Qué podría estar pasando? Quizá el control se descompuso, tal vez lo que ya no sirve es tu tele o podría ser que el perro mordió el cable que la conecta a la red eléctrica... O quizá, simplemente, se agotaron las baterías. ¿Cuál es la explicación más probable, la primera que te vendría a la cabeza?

Efectivamente: las baterías, ¡esa es la hipótesis más sencilla! Por eso, lo primero que siempre haces cuando eso ocurre, en lugar de llamar a un técnico o al encantador de perros, es sacudir un poco el control, acercarlo más a la televisión y apretar con más fuerza el botón de encendido. Lo haces en automático, sin reflexionar si esas acciones solucionan la falta de energía (aunque, la verdad, tú y yo sabemos que la única solución es cambiar las pilas).

Como me gusta mucho porque me parece muy útil, yo uso la navaja de Ockham con mi equipo. Por ejemplo, cuando alguien llega tarde y le pido una explicación por su impuntualidad, casi siempre espero una respuesta sencilla del tipo *me quedé dormido* o *había muchísimo tráfico y*

---

12   En este artículo académico podrás encontrar una explicación un poco más a fondo de este principio: https://es.kineshma.net/Ockham-27s-7664

no calculé bien el tiempo. Pero si, en cambio, la respuesta es inusual y barroca del tipo *es que fíjese que mi abuelita perdió las llaves de su casa y entonces tuve que ir a rescatarla, pero en el camino atropellé sin querer a un hurón que antes de morir me arrebató el teléfono y ya no pude avisar que venía tarde*, inmediatamente y en automático pienso que me están mintiendo. Vaya, incluso si no hay hurones ladrones: normalmente lo que nos ocurre son cosas cotidianas como el tráfico o el sueño que nos traiciona, no locas y complicadas historias.

Estos son ejemplos de para qué sirven y cómo funcionan los modelos mentales. Un modelo mental es, por decirlo así, lo que el cerebro espera que ocurra cada vez que se enfrenta a una realidad concreta. Es el camino que siguen naturalmente nuestros pensamientos. Nuestro cerebro todo el tiempo está construyendo estos caminos, crea modelos mentales a partir de nuestras experiencias diarias y, al mismo tiempo, se la pasa usándolos para aligerar un poco su carga de trabajo. Así es como trabaja esa masa de aproximadamente kilo y medio que tenemos dentro del cráneo: a base de ideas que da por ciertas y que no cuestiona, porque si lo hiciera nunca completaría ninguna de las tareas que le encargamos sin derretirse en el intento.

Muy bien, no estamos agotando a nuestro cerebro y eso es bueno. Enhorabuena por tener un órgano tan eficiente. Sin embargo, la eficiencia no implica necesariamente exactitud y esto acarrea un pequeño problema. A menudo, la mayoría de los modelos mentales que crea y usa no son exactos y muchos de ellos hasta podrían ser calificados de incorrectos. Esto se debe a que nuestro cerebro va abriendo estos atajos de pensamiento a partir de nuestras condiciones de vida, experiencias y conocimientos, y todo ello está sesgado por nuestra propia subjetividad y nuestras limitaciones. Como dice el refrán: *cada quien habla de la feria según como le fue en ella.*

Por ejemplo, puede ser que alguien en algún momento sufrió las vicisitudes de iniciar un negocio, o vio cómo sus padres lo intentaban sin éxito y eso le genera modelos mentales erróneos sobre los negocios, como creer que montar un negocio es arriesgado, que se requiere un plan de negocios complicado, que habrá que pedir un elevado préstamo o que cuenta más a quién se conoce que lo que se sabe.

Es por eso que es importante que te tomes el tiempo para identificar cuáles son los modelos mentales con los que tu cerebro está trabajando, porque estos son los que te permitirán seguir adelante o alimentarán tu miedo cultural. Luego de que los identifiques, pregúntate si realmente es cierto eso que tu modelo te está diciendo. *¿Por qué pienso eso? ¿No podría ser de otra manera? ¿Qué pasaría si mi modelo mental fuese exactamente lo opuesto?* Finalmente, sustituye ese viejo modelo mental por uno que sí te resulte útil. Busca ejemplos de cómo puede funcionar ese nuevo modelo en tu propio pasado, entre tus conocidos o en las biografías de los grandes personajes, y recuerda ese pasaje cada vez que el miedo te asalte.

Aquí te va una muestra de cómo funciona esta técnica. Los ejemplos que aparecen en la columna de la derecha son ejemplos que yo mismo he ido recopilando para construir mis propios modelos mentales.

Tabla 1. Sustituye tu modelo mental[13].

MODELO MENTAL INEFICAZ	MODELO MENTAL EFICAZ	EJEMPLO
Iniciar un negocio es arriesgado.	La incertidumbre es una constante en cualquier cosa que hagamos, pero puede reducirse.	Mario Andretti, campeón de la Fórmula 1 en 1978, tiene una frase que resume lo importante que es aprender a vivir con la incertidumbre: *si todo parece estar bajo control, significa que no vas lo suficientemente rápido.*
Hay que diseñar primero un plan de negocios infalible.	Un plan por escrito es bueno para comprender cómo va a funcionar el negocio, pero solo es un elemento más a tomar en cuenta.	Marisa Lazo, de *Shark Tank*, creó su emporio de panaderías sin preocuparse por hacer un plan de negocios. A la fecha sigue sin tener uno.
Hay que reunir una gran cantidad de dinero antes de montar el despacho.	Reunir dinero es necesario solo si ello nos acerca a alguna meta del despacho que queremos fundar (si queremos comprar una oficina en una zona lujosa de la ciudad, por ejemplo).	El dueño de la cadena de restaurantes «La Casa de Toño» comenzó con un anafre donde freía quesadillas en la calle.
Lo importante no es lo que sabes, sino a quién conoces.	Esta es típica de nosotros los abogados. Su contraparte eficaz sería: los contactos personales son importantes, pero el conocimiento de cómo funciona un negocio es clave si quiero que esos contactos me sean de utilidad.	Cipri Quintas, empresario español, es quizá el más claro ejemplo de que no importa a quién conoces, sino qué haces tú con ese contacto.

---

13 Fuentes de los cuatro ejemplos mostrados en la tabla:

Escucha el origen de esta frase en la propia voz de Mario Andretti: https://www.youtube.com/watch?v=38jSB56YOd8&t=139s

Si eres amante de los *podcasts*, como yo, seguramente ya conoces este. Aquí escuché la historia de Marisa Lazo: https://bit.ly/3joeY3j

Aquí hay un artículo que narra la muy inspiradora historia de «Toño»: https://bit.ly/3AcnBUE

Date una vuelta a su página y, de paso, lee *El libro del networking* que él escribió. Te va a servir mucho en este camino de fundar tu propio despacho: www.cipriquintas.com/

Este es el *set* mínimo de modelos mentales que necesitas para seguir adelante. Para que sean parte de ti y de tu pensamiento, es necesario que los tengas presentes todos los días y que busques tus propios ejemplos de cómo sí funcionan estas ideas. No basta que los leas solo una vez, sino que tendrás que volver a ellos constantemente.

No es necesario saberlo todo

En efecto. Tal como ocurre con la profesión de abogado, es imposible e innecesario saberlo todo. Queremos ser buenos abogados y empresarios, no oráculos ni enciclopedias. Si no sabemos usarlo, el conocimiento no sirve para nada y, hoy en día, mucho del conocimiento sobre negocios, derecho y prácticamente cualquier disciplina se encuentra disponible en nuestro bolsillo en la forma de una rápida búsqueda en internet. Así que no te preocupes por no saberlo todo, para que «Tú & Asociados, Abogados» nazca y funcione basta entender algunos conceptos esenciales y tenerlos siempre presentes, listos para ser aplicados.

Y ni siquiera estoy hablando de conceptos jurídicos, sino de conceptos que te aporten lo esencial de los negocios y de cómo funciona un despacho de abogados desde el punto de vista empresarial. Contrario a lo que pudieras pensar, no necesitas experiencia o conocimientos previos para empezar. Lo único que verdaderamente necesitas es conocer algunos principios básicos sobre cómo funcionan los negocios en general y cómo funcionan los despachos de abogados en particular. Y esos principios generales están explicados a lo largo de este libro.

Tenemos que formar una base sólida pero sencilla de principios fiables que te ayuden a tomar decisiones respecto de cómo debe funcionar y hacia dónde se dirige tu despacho. Este libro te ayudará a entender esos principios que son, básicamente, cuatro:

- Cómo fijar metas.

- Cómo liderar el negocio.

- Cómo dirigir el negocio.

- Cómo implementar sistemas.

El miedo cultural es tu aliado

Estas son las herramientas que necesitas para gestionar el miedo y, como podrás notar, debemos trabajar en nosotros mismos para que ese miedo no se convierta en el que toma las decisiones. Es más, si sabemos gestionarlo, resulta hasta benéfico que el miedo se encuentre siempre allí, porque eso nos permitirá no confiarnos.

El verdadero enemigo por vencer no es el miedo, sino el exceso de confianza. Y mira qué curioso, la mejor manera de acabar con la confianza excesiva es con el miedo.

III. Liderazgo, dirección y operación

El segundo aspecto para trabajar respecto a tu mentalidad para convertirte en un empresario o empresaria de verdad es comprender la diferencia que existe entre liderazgo, dirección y operación de un negocio. De esa claridad dependerá que puedas fundar «Tú & Asociados, Abogados» y hacerlo crecer.

Cada vez que alguien decide abrir su propio negocio, no importa si es un despacho de abogados, un restaurante o un salón de belleza, actúa como tres personas en una:

- Como la persona que lidera el proyecto.
- Como la persona que lo dirige.
- Como la persona que lo opera.

Si es que no te ocurre ya, esto es lo que te va a suceder cuando fundes tu propio despacho de abogados. Serás, al mismo tiempo, la persona que lidera, la que dirige y la que opera. Realizar las tres cosas al mismo tiempo implica asumir una cantidad de tareas abrumadora y, lo peor de todo, es que nunca tenemos muy claro cuál de esas tres personalidades que hay que desarrollar es el jefe de quién.

Podría parecer que la solución a este problema es incluir a más gente en nuestra aventura, pero esta situación también se presenta en un despacho conformado por, digamos, tres socios. Imagina que te juntas con otras dos personas igual de emprendedoras que tú y que se ponen de acuerdo en quién va a operar, a dirigir y a liderar. Lo que va a ocurrir es que nunca lograrán establecer una jerarquía bien definida entre todos. Y eso, a la larga, puede ser una receta para generar pleitos o, por lo menos, diferencias entre quién hizo qué cosa, quién aportó más valor al proyecto, quién trabajó más o quién dio mejores resultados y, en consecuencia, a quién le tocan más o menos utilidades.

Por ello, si eres un emprendedor solitario o si quieres asociarte con alguien más, es importante que distingas siempre los tres roles que se encargarán de todas las actividades del despacho: liderazgo, administración y operación. Veamos de qué trata cada uno de ellos.

Liderazgo

Este es el rol innovador, estratega y visionario. Quien lidera es quien determina a dónde debe dirigirse el equipo. Siempre está buscando oportunidades para crecer, crear nuevos negocios y mejores métodos y para darle más valor al despacho. Siempre vive con la mirada puesta en el futuro.

Dirección

Si el líder sabe que el cielo es el límite, el director se encarga de que, al querer alcanzar el cielo, nunca se despeguen los pies de la tierra. Este es el rol de quien busca el crecimiento ordenado y predecible. Una vez que quien lidera ha definido el rumbo que debe tomar el proyecto, la persona que dirige define qué pasos hay que dar para llegar allí. El líder marca el punto de llegada, el director traza el camino y se encarga de seguirlo.

Operación

Este es el rol técnico, el que hace y ejecuta las tareas. En un negocio, el rol operativo corresponde a quien se encarga directamente de los productos o servicios con los que se va a comerciar.

Hablando de un despacho jurídico, quienes se encarguen de la operación estarán felices mientras puedan trabajar redactando sus contratos, contando términos judiciales o revisando actas de asamblea.

Este rol no se preocupa ni por el crecimiento de la empresa ni por las oportunidades de negocio, porque los líderes ya marcaron el punto de llegada y los directivos ya definieron la ruta y, a diferencia de ellos, más que en el futuro, ponen la energía en el aquí y el ahora. Los operativos no proyectan, simplemente se arremangan, cuentan cuántos días les quedan antes de que venza su término y comienzan a trabajar.

¿Cuál es la más importante?

Preguntarse cuál de estas tres actividades es más importante es innecesario y solo te llevará a conflictos, en el caso de que trabajes con más personas, o a descuidar alguna de las áreas si es que decides hacerlo todo tú. Porque, como te podrás imaginar, ninguna de estas tres actividades es más importante que la otra. Al contrario, «Tú & Asociados, Abogados» necesita igualmente de un rol de liderazgo que mire al futuro, un rol directivo que dé las órdenes y un rol operativo que se ponga a producir aquello por lo que los clientes pagan.

Estas tres áreas de tu despacho son distintas y requieren perfiles y tipos de trabajo distintos. Quien asume el papel de liderazgo suele ser un tipo de persona más visionaria y, hasta cierto punto, soñadora, que visualiza los resultados que obtendrá el despacho. La persona que lidera debe ser más bien planificadora, ordenada, regida por calendarios y por listas de tareas que ella misma definió. La persona operativa, en cambio, será la que disfruta de leer esos libros kilométricos y de letra chiquita que tanto nos gustan a los abogados, que se emociona cada viernes por la mañana porque el Poder Judicial ya publicó los criterios jurisprudenciales de la semana y que siente una fascinación especial por los detalles y por la redacción cuidadosa y precisa.

Tener socios con perfiles distintos puede ser una gran ayuda. Pero si lo tuyo es emprender en solitario, deberás tener muy claro cuáles son estos tres roles y cuándo estás interpretando el papel de líder, director u operador.

> *Esto te permitirá organizarte de mejor manera y, lo más importante, saber cuáles son las habilidades que tienes que desarrollar para representar cada uno de estos papeles.*

De rol operativo a rol de liderazgo

Ya sea que estés emprendiendo en solitario o en asociación, es muy importante que entre tus objetivos a mediano plazo esté ir abandonando, poco a poco, la función operativa para delegarla en abogados especializados.

Esto no significa que la función operativa sea menos importante, ya dijimos que las tres son absolutamente necesarias y dependen una de otra, sino que delegar esta función te permitirá que tú y los fundadores se enfoquen en las funciones de dirección y liderazgo que son las que, como ven al futuro, tienen que ver con el crecimiento del despacho como negocio.

Después, paulatinamente, también deberás ir soltando la función directiva para quedarte solo con la de liderazgo. Es allí donde deberás enfocarte la mayor parte del tiempo una vez que tengas a quién delegar todas las demás funciones de tu despacho-empresa.

Claro, esto no significa que renuncies a hacer lo que más te gusta, que es ejercer el Derecho. ¡Para eso estudiaste esta carrera! La cuestión es tener claro cuánto tiempo vas a invertir en cada una de estas actividades.

Si vuelves a ver mi calendario, por ejemplo, notarás que los lunes son días de liderazgo, en tanto que los demás están dedicados a la administración. También soy operativo, porque amo y disfruto ejercer el Derecho, igual que tú. Pero mi operación ya es más una actividad de revisión y de supervisión que de creación: leo y corrijo lo que mi equipo redactó y trato directamente con los clientes, pero cada vez es menos común que sea yo quien vaya a tribunales; para eso está mi capital humano.

Recuerda que tu meta es que «Tú & Asociados, Abogados» sobreviva, funcione, crezca y se convierta en una empresa rentable que funcione muy bien sin que tú tengas las narices hundidas en el teclado de la computadora y en los expedientes todo el tiempo. No tengas miedo de delegar, no seas de esas personas que tienen que hacerlo todo siempre ellas sin ayuda de nadie más. Esto solo te generará un *burnout* de campeonato y limitará tus posibilidades de crecimiento. Si tienes un buen equipo, delegar es de lo mejor que puedes hacer para crecer profesionalmente.

IV. Enfoque

Hasta ahora, ya hemos hablado varias veces del enfoque, que consiste en dirigir todos nuestros recursos a un único fin. Por ejemplo, para que puedas arrancar con tu despacho y hacerlo crecer no solo es necesario desearlo, sino que es importante que apliques lo que hemos aprendido en estas páginas mientras enfocas tus acciones y tus ideas hacia ese único fin.

En pocas palabras, tener un montón de recursos no sirve de mucho si no sabemos cómo enfocarlos hacia lo que deseamos. Todos tus recursos tienen que apuntar hacia tus metas y alinearse hacia ellas. Así que debemos tener muy claras nuestras metas, si no, nos enfrentaremos a un desperdicio de energía, trabajo y, en una de esas, hasta de dinero. Y es justo de metas de lo que vamos a hablar en el siguiente capítulo, así que deja por un momento tu rol de operativo. Es momento de que dejes de ver a tu despacho como un espacio para estudiar la doctrina o las más recientes reformas a la ley o los últimos criterios de la Corte Interamericana. Obviamente hacer todo eso es muy, muy importante, y lo tienes que hacer si quieres que tu despacho sea competitivo, pero no es lo único. Guarda tus jurisprudencias en el cajón, ponle un *post-it* a tu libro de argumentación jurídica en la última página que leíste y quítate el disfraz de operador, porque este es el momento en el que asumirás tu rol de liderazgo.

¿Ya estás en tu rol de liderazgo? Bien, ahora vamos a marcar una cruz roja en el mapa, que señalará el lugar al que quieres que «Tú & Asociados, Abogados» se encamine.

CAPÍTULO 3
METAS

I. ¡Nunca confundas propósitos con metas!

Ya te la sabes: se está acabando diciembre y todo el mundo se pone a hacer una lista de propósitos de año nuevo. Hay quien elige uno o dos propósitos y hay también quienes podrían llenar páginas y páginas de pseudobjetivos. El caso es que esos propósitos se suman cada año a una lista interminable de cosas que queremos hacer o que consideramos importantes. *Bajar de peso, ser una mejor persona, pensar antes de actuar, no enojarme tanto con mi pareja...* ¿Te suena alguna de ellas?

Seguramente sí, porque todos hemos hecho esas listas por lo menos alguna vez. Lo que casi nadie ha hecho es cumplirlas. Tan solo para que te des una idea, según un estudio de la Universidad de Scranton en Pensilvania, en conjunto con el instituto de investigaciones Statistic Brain, solamente el 8% de las personas que se plantean propósitos (de Año Nuevo) logran cumplirlo (Pazos, 2021). Lo más preocupante de esa cifra radica en que el 92% restante termina el año en la misma situación en la que lo empezó.

¿Sabes por qué? Porque en realidad no son propósitos. Piensa de nuevo en esas listas: más que una enumeración de acciones concretas, parecen cartas a Santa Claus. Más que propósitos, lo que se suele enlistar a fin de año son un montón de deseos. Y, en vista de que Santa Claus no les cumple los deseos a los adultos, quedarse en solo desear no sirve para nada.

Lo que debemos de tener, más que deseos, son metas. Si no tienes metas, al final de tu vida te darás cuenta de que colocaste muchos ladrillos en una construcción que no tiene forma, solidez ni utilidad. Muchas personas viven así durante toda su vida, casi como al azar, y, cuando llegan sus últimos días y se dan cuenta de que las piezas no se acomodan en ningún lugar, culpan a alguien más de su falta de éxito (al gobierno, al mercado, a la economía, a sus padres, a su cónyuge…), cuando, en realidad, lo que ocurrió fue que nunca se fijaron metas concretas y, por ende, nunca tuvieron claro lo que querían hacer con su vida.

Stephen R. Covey (*Los 7 hábitos…*, 2014) lo ejemplifica de una manera un tanto dura, pero justo por eso, bastante ilustrativa: imagina que te pasas toda tu vida trabajando con el ánimo y la ilusión de subir por la escalera del éxito y todo para descubrir, al final, que esa escalera que intentaste subir ha estado recargada en la pared equivocada todo este tiempo.

Tener metas implica que antes de empezar a trabajar, te vas a detener un momento para pensar y decidir en qué pared vas a apoyar la escalera, de manera que cada actividad que realices y cada tarea que lleves a cabo te conduzca, efectivamente, a donde quieres llegar y no a una incógnita.

No me malinterpretes, los deseos y los anhelos no están mal; pero si no ponemos manos a la obra y los volvemos acciones concretas, se quedarán solo en eso. En este momento tú ya tienes un propósito y por ello estás leyendo este libro: te has decidido a fundar «Tú & Asociados, Abogados». Ahora, tenemos que trabajar juntos para convertir ese deseo tuyo en una meta hecha y derecha.

II. Imagina primero a dónde quieres llegar

Un destino claro y definido

Antes de cualquier cosa debes imaginar, con la mayor claridad que puedas, cómo es la vida que quieres tener. Trata de no quedarte en los generales, sino que piensa en todos los detalles que se te ocurran. Si tienes dificultad para visualizarlo, respóndete al menos estas preguntas: ¿Qué tipo de persona quieres ser? ¿En qué tipo de abogada o abogado te quieres convertir? ¿Cómo quieres que sea un día típico de tu vida? ¿Dónde quieres vivir? ¿Qué quieres tener? ¿Qué quieres dar? ¿Qué personas, lugares, circunstancias, objetos y sensaciones quieres que formen parte de tu cotidianidad? Estas preguntas te ayudarán a crear la imagen que fungirá como marco de referencia o criterio de selección para cualquier actividad que decidas llevar a cabo.

Por ahora vamos a centrarnos en lo profesional, pero ten en cuenta que debes hacer este ejercicio para cada aspecto de tu vida: sentimental, económico, espiritual, de salud. En las siguientes páginas volveré sobre esto.

> *La finalidad de este ejercicio es saber a dónde te diriges, de modo que comprendas mejor dónde estás ahora y a dónde quieres ir.*

De este modo no andarás perdido y siempre darás los pasos adecuados en la dirección correcta. Si tienes una compresión clara y completa del destino que deseas alcanzar, puedes estar seguro de que los ladrillos que estás colocando tienen un orden y una intención.

A mi parecer, esta es la primera diferencia entre un simple deseo y una meta: las metas traen consigo una imagen mental clara de lo que queremos; una imagen que nos permitirá, después, convertirla en realidad. Por eso es importante que visualices, que formes en tu mente la realidad a la que quieres llegar. Luego traza el mapa que indique el camino que debes transitar para llegar allí y, solo después de esto, empieza la travesía. Podríamos decir que el proceso para crear tu propio despacho de abogados consta de tres fases genéricas:

- Visualización de la meta.

- Trazado del mapa.

- Ponerte en marcha.

De estas tres etapas, la primera y la última son completamente tuyas; dependen única y exclusivamente de ti. La segunda etapa, la del trazado del mapa, es la que irás desarrollando con la ayuda de este libro. Tú defines cuáles son las cosas que quieres realizar (y ya lo has hecho en cierto modo: fundar tu propio despacho) y en estas páginas aprenderás cómo llevar a cabo esas cosas que quieres hacer. Después, será tu responsabilidad implementar todo lo aprendido.

Un destino inteligente

La segunda diferencia entre un simple deseo y una meta consiste en que el deseo es únicamente la fantasía de hacer u obtener algo, en tanto que la meta es la determinación *inteligente* de lograr ese algo.

Que tu determinación sea inteligente (*SMART*, en inglés) significa que reúne cinco características que la hacen diferente de un mero anhelo:

- *Specific:* específica.

- *Measurable:* medible.

- *Achievable:* alcanzable.

- *Relevant:* relevante.

- *Time-based:* limitada a un tiempo.

Veamos de qué se trata cada una.

Specific

Una meta debe concretarse a un aspecto, una tarea o una acción perfectamente delimitada, de manera que nos diga exacta y contundentemente qué es lo que esperamos lograr.

Measurable

Debemos poder interpretar si los resultados obtenidos están dentro de lo esperado o no. Es necesario asegurarnos de analizar nuestro desempeño y nuestros resultados en relación con la meta.

Achievable

La meta debe ser perfectamente realizable en las condiciones en las que nos encontramos y con los recursos con los que contamos. Es decir, tiene que ser una meta realista. Esto no es lo mismo que ser conformista, porque una vez que hayamos alcanzado la meta podremos después apuntar más alto.

Relevant

Nuestra meta debe estar alineada con nuestro objetivo principal, con esa visión de la vida que soñaste cuando decidiste estudiar Derecho.

Time-based

La meta tiene que estar vinculada directamente a un momento específico en el futuro en el que debe ser completada.

Las otras cuatro características de las metas (que sea específica, medible, alcanzable o relevante) suelen depender del tiempo en que la meta debe ser completada. El tiempo que se asigna a un objetivo puede provocar que no sea realizable, se vuelva irrelevante o que sea muy difícil o imposible de medir.

Metodología SMART+

Quizá ya conocías estas cinco características: se han vuelto muy populares. Originalmente salieron de una metodología creada en 1981 por George T. Doran en un artículo que tituló *There's a S.M.A.R.T. way to write management's goals and objectives (Hay una manera inteligente para escribir las metas y objetivos de la administración)*[14].

A mí me gusta añadir dos características básicas más para definir los objetivos, y por eso la llamo «Metodología *SMART+*»: tus objetivos, además de específicos, medibles, alcanzables, relevantes y vinculados a un tiempo, tienen que:

- Ser independientes de factores externos.
- Estar formulados en positivo.

Déjame explicarte de qué estoy hablando.

Objetivos independientes

Los objetivos deben ser alcanzables y realistas según lo que tú puedes hacer. Esto significa que no pueden depender de factores sobre los que tú no tienes el control, como que te ganes la lotería, que por casualidad conozcas a un supergurú de los negocios en busca de un socio

---

14 Aquí tienes la publicación original, de la revista *Management Review*, noviembre, 1981, pp. 35-36 (texto en inglés): https://bit.ly/3yJXZg0

o que algún colega tuyo decida cerrar su despacho, o deje de atender a cierto tipo de clientes y te los refiera. Un propósito bien formulado solo debe tomar en cuenta lo que depende directamente de tus actividades o las de tu despacho.

Tu meta no puede ser algo como «ganar la lotería» porque ello, aunque deseable, no depende de ti, sino de algo tan aleatorio y caprichoso como la suerte. El que alcances tu objetivo debe estar siempre bajo tu control.

Ojo: el que tú las controles no significa que tú las hagas. Puedes delegar, recuerda que de hecho es recomendable que lo hagas, pero hazlo siempre que tú no dejes de tener cuidado de qué se debe hacer, quién lo hará, cuándo y con qué.

Objetivos positivos

Creo firmemente que las metas tienen que estar formuladas como algo que deseas que ocurra, nunca como algo que no quieres que pase o que deje de suceder. Por ejemplo: es muy común fijarte como propósito de año nuevo el dejar de fumar. Esta fórmula es incorrecta porque pone tu atención en una acción que, aunque podría resultar benéfica, ya trae el «no» por delante. No fumar es una acción negativa.

Es importante que el enunciado de tus objetivos esté redactado siempre en positivo, para que tu enfoque se dirija hacia lo que sí quieres hacer.

Siguiendo con el mismo ejemplo, en lugar de «dejar de fumar», puedes formular un enunciado *SMART+* diciendo algo como esto: *Al 31 de diciembre de 2023, sustituiré cada una de las cuarenta y cinco cajetillas de cigarros que consumo al año, por la lectura de un artículo de la revista Harvard Business Review.*

Un ejemplo claro de meta vs. simple deseo

En la siguiente tabla te explico de una manera más clara y concreta la diferencia entre un simple e inútil deseo y una verdadera meta que sí es eficaz:

Tabla 2. Deseos vs. Metas.

DESEO	META
Bajar de peso	Al 31 de diciembre de 2023, alcanzar un peso corporal de 85 kilogramos, una circunferencia en cintura de 80 cm y un porcentaje de grasa corporal de 17%.
Leer más	Leer 12 libros de ficción entre el 1 de enero y el 31 de diciembre de 2023, de manera que alcance un récord de 12 libros no jurídicos leídos al finalizar el año.
Ser una mejor persona	Hacer una donación en ropa y enseres de aseo personal equivalente a 250 dólares al Orfanato del Sagrado Corazón, a más tardar el 31 de julio de 2023.

¿Verdad que así queda clarísimo que no es lo mismo un deseo que una meta? Esta es la razón por la que nunca nadie cumple sus propósitos de Año Nuevo (que, insisto, no son propósitos propiamente dichos, sino simples expresiones de algo que nos gustaría ser, hacer o tener). En cambio, tú que ya conoces la diferencia, estás en total posibilidad de ver realizadas tus metas en el tiempo que te hayas fijado.

Un destino por escrito

Como te dije más arriba, es importante definir primero la vida que quieres para después trabajar en todo lo necesario para volver realidad esta visión. Existe un método muy efectivo para lograr que esa imagen que has creado se vuelva realidad y consiste en «cosificar»[15] esa imagen que, por el momento, solo existe en tu mente. Esto significa que hay que tomar esa idea y traerla al plano material, volverla tangible. El modo más útil para materializar las ideas es ponerlas por escrito.

Dedica todo el tiempo que consideres necesario para realizar una introspección profunda, un análisis cuidadoso de cuál es tu meta de vida más importante. Esto no es algo que se logre de la noche a la mañana, sino que te va a tomar algo de tiempo. Por eso es importante que comiences desde ahora. Una vez que tengas esa idea más o menos clara, redacta un enunciado lo más específico posible, en el que cumplas con el modelo *SMART+*.

---

15 Este concepto lo tomé prestado de la teoría de Émile Durkheim, sociólogo en quien baso una buena parte del curso de Sociología para el Derecho que imparto.

Quizá no lo logres a la primera. No te preocupes ni te sientas mal. Es normal hacer varios intentos y tener varios borradores antes de llegar a la redacción final que, mejor te lo voy diciendo de una vez, muchas veces no es realmente la final, ya que la estarás revisando constantemente en el futuro.

Porque sí, una vez que lo hayas conseguido y tengas esa oración que encierre tu meta de vida, tendrás ocasión de irla mejorando, adaptando y ajustando a tu realidad, conforme crezcas en experiencia y conocimientos. Esta oración la estarás escribiendo durante toda la vida. Pero es importante que cuando termines este capítulo tengas, por lo menos, la primera versión de este enunciado.

En su redacción se encuentra la tercera gran diferencia entre un simple deseo y una meta: a veces hay deseos que son fugaces; las metas se ponen por escrito y no se quedan flotando por ahí. Escribir es fijar. Escribir tus metas te permitirá no olvidarlas, revisarlas y ajustarlas todos los días, pero algo aún más importante: te permitirá organizarte, motivarte y enfocarte, en torno a ellas, para tener tu atención en alcanzarlas.

A propósito de esto, te voy a compartir un secreto: yo tengo en mi oficina una carpeta de metas. Con frecuencia reviso esta carpeta y la actualizo. Luego de muchos años, la carpeta se ha vuelto cada vez más compleja. Ahora cada una de mis metas tiene su propia pestaña con una imagen de portada y, en las hojas subsecuentes, voy escribiendo el tiempo en que deben quedar completadas y los avances que alcanzo en cada una.

Imagen 6. Carpeta de metas 1.

Imagen 7. Carpeta de metas 2.

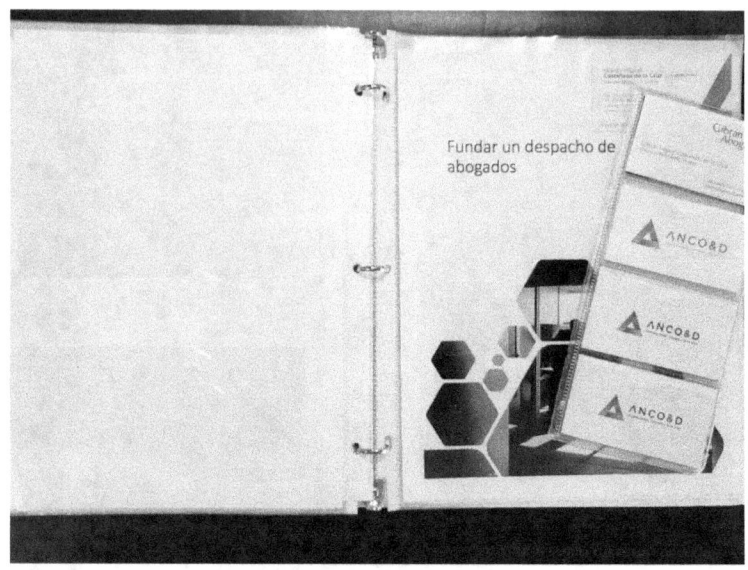

Imagen 8. Carpeta de metas 3.

Imagen 9. Carpeta de metas 4.

Y te voy a contar otra intimidad: leo esa carpeta casi con la misma frecuencia que la Constitución, ¡y eso que soy amparista!

Un destino seccionado

Otra de las grandes ventajas de escribir tus metas siguiendo el modelo *SMART+* es que, una vez que comiences a trabajar en alcanzarlas, podrás dividirlas en acciones intermedias, con momentos específicos de cumplimiento.

Por ejemplo:

Si tu meta es *leer 12 libros de ficción*, eso significa que debes leer, en promedio, 1 libro por mes. Esto te permitirá hacer una lista previa de esos 12 libros y calendarizar cuándo te toca comprar o conseguir cada uno de ellos. Tus metas intermedias podrían quedar más o menos así:

Para alcanzar mi meta debo:

1. *Hacer una lista de los 12 libros de ficción que quiero leer durante el año, identificando los que ya tengo y los que debo comprar. A más tardar el 31 de diciembre del año anterior.*

2. *Comprar, por lo menos, el primer libro, a más tardar el 1 de enero.*

3. *Leer por lo menos 10 páginas al día, en promedio, desde el primero y hasta el último día de cada mes (dependiendo de la extensión de cada libro, claro está).*

4. *Hacer una lista de las frases que me gustaron, ideas que se me ocurrieron y/o enseñanzas que adquirí durante la lectura de cada libro y completarla a más tardar el último día de cada mes. De cada libro debo rescatar, por lo menos, una frase/idea/enseñanza.*

Hablando de fundar tu propio despacho de abogados, supongamos que te vas a dedicar a Derecho Corporativo. En tal supuesto, tu definición de meta y sus metas intermedias quizá se verían de esta manera:

Meta: al 31 de diciembre de 2024, cerrar el año con 20 clientes activos nuevos.

Para alcanzar mi meta debo:

1. *Definir el perfil de cliente ideal, el 10 de enero.*
2. *Identificar a por lo menos 100 empresas que cumplan con el perfil de cliente ideal, el 20 de enero.*
3. *Comenzar a llamar a las empresas identificadas e iniciar el proceso de venta, del 21 de enero al 28 de febrero.*
4. *Cerrar 2 ventas por mes en promedio, entre el 1 de marzo y el 31 de diciembre.*

Claro, esta división viene después de haber definido nuestras metas, pues lo primordial es el resultado que deseamos obtener, más que la actividad que debemos realizar. Además, estos son solo un par de ejemplos.

> *Las metas y pasos para lograr lo que tú*
> *deseas dependen de ti y de nadie más.*

Tantas metas como roles

Todos los días interpretamos diferentes tipos de roles y todos son igualmente importantes: eres estudiante, hijo, hermana, perteneces a uno o varios grupos de amigos, puede ser que seas profesora, el baterista de una banda de rock de garaje o miembro de un club de videojuegos.

El espacio que cada uno de estos roles ocupa en tu vida es fundamental, porque esa variedad te da equilibrio y sensación de realización. Para decirlo de una vez por todas: tener varios roles en la vida te da felicidad.

Así que después de que hayas fijado tu meta profesional, ponte a trabajar en tus demás roles. Identifica todas las áreas de tu vida y los resultados que quieres conseguir en cada una. De este modo, tendrás una perspectiva general de tu vida y de la dirección que quieres darle. Tu plan de acción, entonces, no solo contemplará un solo aspecto de quién eres, sino que podrá expandirse a todas las áreas que te hacen quién eres.

Tu meta profesional

¿Cuál es la meta que deseas alcanzar en tu rol profesional? Esta pregunta tiene mucho que ver con cómo es la vida que te planteaste al empezar a estudiar Derecho en la universidad. ¿Qué es lo que imaginabas?

Ahora te toca convertir esa visión en un enunciado concreto, que podría quedar más o menos así:

Al día _____, quiero tener ingresos mensuales promedio de $_____, trabajando _____ horas al día.
Para ello, mi despacho debe facturar $_____ en promedio.

Este enunciado no está del todo completo, porque aún puedes agregarle muchas otras cosas que anhelas para tu vida. Es solo un ejemplo y un primer paso para definir qué tipo de futuro quieres para ti. El ejemplo está centrado en aspectos económicos solo para que sea una muestra clara, pero el que tú redactes no tiene que ser así necesariamente.

Una vez que tengas este enunciado, un montón de cosas que tal vez ahora te parecen borrosas sobre tu destino comenzarán a tomar forma y podrás visualizarlas con claridad. Ahora, con esa claridad, ya podrás determinar qué tipo de despacho de abogados quieres fundar, qué tipo de servicio vas a prestar, cuánto vas a cobrar, quiénes serán tus clientes ideales, de qué tamaño será tu equipo de trabajo, cómo serán tus oficinas y dónde estarán ubicadas (si es que realmente quieres o necesitas tenerlas).

Después, teniendo claro todo eso, podrás dotar a «Tú & Asociados, Abogados» de un propósito, una misión, una visión y unos valores bien concretos. Pero jamás te olvides de que es importante que empieces por lo que tú quieres para tu vida, tus metas personales, porque —nunca me cansaré de repetirlo— tu negocio es tu reflejo.

Por eso, la fundación de tu despacho de abogados, su propósito, misión, visión y valores dependerán en gran medida de tu meta en el aspecto profesional. ¡Casi te podría decir que son dos caras de una misma moneda!

CAPÍTULO 4

EL LIDERAZGO DE «TÚ & ASOCIADOS, ABOGADOS»

I. Tu despacho es una empresa

En este capítulo vamos a hablar de cómo se construye un despacho de abogados desde la óptica del liderazgo. Vamos a quitarnos nuestros trajes de abogados y ponerle pausa un momento al estudio del Derecho (hay que dejar descansar un ratito a Manuel Atienza y a Hans Kelsen) porque eso le corresponde al rol operativo de «Tú & Asociados, Abogados», que no es materia de este libro.

En este libro, como te prometí, vamos a sumergirnos en todo lo que no viste en la universidad. Así que estoy dispuesto a honrar mi palabra a toda costa. Además, seamos sinceros, ¿quién quiere un libro más sobre leyes y jurisprudencia, habiendo tantos y tan extraordinarios allá afuera en el mercado? Mejor centrémonos en lo que esos libros no abordan: cómo funcionan las empresas y cómo puedes hacer negocios con tu conocimiento jurídico.

II. El núcleo de tu despacho como negocio

Aquí tienes el primer modelo mental bajo el que tiene que funcionar tu cerebro de líder. Se trata de una idea muy sencilla, pero que constituirá la estructura de «Tú & Asociados, Abogados» y de todo lo que haga como empresa de prestación de servicios jurídicos:

> *Tu despacho de abogados es un negocio.*

Como es una idea muy importante, vamos a repetirla una vez más para que se quede grabada en tu mente: Tu despacho de abogados es un negocio.

No solo la repetí para que se te quedara grabada, sino para que te vayas acostumbrando a esta idea. Seguramente te resulta extraña o hasta incómoda. Es normal, te sientes así porque en la universidad te dijeron exactamente lo contrario. Estoy seguro de que, durante la carrera, escuchaste una y otra vez a tus maestros decir cosas como que los abogados somos instrumentos para la paz o que somos quienes damos voz a los que no la tienen, etcétera. Todas esas ideas son muy bellas y también son ciertas, pero también son ideas parciales que parecen sacadas de un mundo idílico en donde está mal ganar dinero. Estas ideas, así solitas, no te dan de comer.

Lo que sí puede ayudarte a que tengas un sustento económico honesto en este mundo no idílico, sino real, es entender que tu despacho es un negocio y, como tal, es un proceso repetitivo que crea y ofrece algo de valor que los demás necesitan, a un precio que están dispuestos a pagar; lo que ofrece tu negocio satisface las necesidades del cliente y excede sus expectativas para generar beneficios que te permitan alcanzar la vida que deseas.

Este es el corazón de todo negocio. Toda empresa pequeña o grande, multinacional o de producción local, de productos o servicios, de precios altos o baratos, de reciente creación o tan antigua como la Coca-Cola, todas se dedican a vender algo de valor que los demás necesitan, a un precio que el cliente está dispuesto a pagar, que satisface su necesidad y excede su expectativa y que genera ganancias.

Aquí está el primer modelo mental que debemos desarrollar y tener siempre presente, de la misma manera que nuestro corazón se mantiene siempre latiendo: en el fondo, tu despacho es igual a cualquier otra empresa.

A mí, por ejemplo, me llegó esta idea poco a poco. La primera pregunta que me hice fue *¿cómo le hago para anunciarle al mundo mi existencia, mi servicio y las ventajas de contratarme como abogado?* Poco a poco me fui dando cuenta de que la venta y la promoción de los servicios jurídicos comienza mucho antes de salir a buscar clientes: comienza con la definición del producto o servicio único y de valor que los demás necesitan.

Para cuando lo tuve claro, había pasado ya algún tiempo desde que inició mi aventura, varios golpes, muchos sinsabores y un crecimiento mucho más lento de lo esperado. Por eso, me interesa que tú lo tengas claro desde el principio, para que no te pase lo mismo que a mí.

Pero basta de anécdotas. Vamos a desarmar la definición de allá arriba para entenderla a cabalidad parte por parte. Tu despacho, como todo negocio, es un proceso de cinco fases que se repiten, que son independientes entre sí, pero que están interconectadas:

1. *Crea y ofrece algo único y de valor.*

2. *Que los demás necesitan.*

3. *A un precio que están dispuestos a pagar.*

4. *De modo que satisfaga las necesidades del cliente y exceda sus expectativas.*

5. *Para generar beneficios para que su(s) propietario(s) siga(n) adelante con sus metas.*

Veamos en qué consiste cada una de estas fases:

1. **La creación de un servicio único y de valor.** Esto es descubrir lo que las personas quieren o necesitan, para encontrar después la manera de entregárselos. De preferencia, debe ser algo que nadie más ofrezca, que sea diferente y único y que esa diferencia sea sostenible en el tiempo (no debe obedecer a modas o depender de un posible cambio de legislación, por ejemplo).

2. **Algo que los demás necesitan.** Una vez identificado ese servicio único y de valor, es necesario identificar la demanda que existe en torno a él. Esto se logra anunciándolo para que las personas que tienen esa necesidad concreta que vas a satisfacer sepan de tu existencia. En esta fase es fundamental que quede superclaro por qué tu servicio es diferente al resto que se encuentra allá afuera.

3. **Convertir a potenciales clientes en clientes reales.** En esta tercera fase debes convertir a esas personas que ya han visto o escuchado de tu servicio en clientes reales, en personas que efectivamente paguen por adquirir aquello que tu despacho ofrece. Para decirlo en una sola palabra: ¡vender!

4. **Dar a los clientes lo prometido.** Esos clientes te han entregado tres cosas sumamente valiosas a

cambio del servicio único y de valor que les has ofrecido: te han dado su atención, su dinero y su confianza. Por ello, es momento de que tú les retribuyas asegurándote de que estén satisfechos y favorablemente sorprendidos.

5. **Ingresar el dinero suficiente para seguir funcionando y para que tú puedas alcanzar tus metas.** Creo que no hace falta que me extienda mucho a este respecto, ¿o sí? El objetivo de cualquier empresa no es únicamente generar lo suficiente para pagar las cuentas y cubrir la nómina, sino crecer y trascender. De la misma manera, «Tú & Asociados, Abogados» debe generar ganancias para pagar las facturas, pero también para crecer y para que tú alcances tus metas personales. Esto es lo que hará que tu esfuerzo se convierta en satisfacción.

En resumen: basta con que identifiques un problema o una necesidad concreta, que encuentres una manera de solucionar ese problema o satisfacer esa necesidad de manera que el cliente quede lo más complacido posible y que cobres por ello lo suficiente para que crezcas. Luego, repetir este proceso una y otra vez, hasta la eternidad.

Es un proceso muy sencillo conformado por 5 pasos que, a su vez, tienes que concebir como miniprocesos. Cada uno de estos 5 aspectos se conforma de una secuencia de pasos que hay que seguir.

Quizá ahora no me lo creas, pero no son procesos demasiado complicados. Requieren que les dediques tiempo y esfuerzo, eso sí, pero no demandan que tengas algún talento especial, que seas un genio o que hayas terminado un MBA de Harvard. Lo único que necesitas es seguir leyendo este libro.

1. Crear y ofrecer algo único y de valor

Los ingresos de cualquier negocio y, en este caso, de tu despacho, dependen directamente de que las personas deseen o necesiten lo que tú ofreces. De aquí deriva mi propia definición de «empresario». Un empresario es *una persona que soluciona o previene un problema o mejora un aspecto de la vida de los demás a cambio de una remuneración.*

Esta definición me gusta mucho, pero no porque sea mía, sino porque también la podemos usar tú y yo para definir a un abogado exitoso.

Hay muchísimos y muy buenos ejemplos de abogados y despachos jurídicos que han sabido encontrar una propuesta de valor con lo que han tenido éxito a través del Derecho; tantos que tú los puedes encontrar muy fácilmente. Simplemente voltea a ver a tus colegas, tus jefes o tus compañeros de generación. ¿A quién de todos ellos percibes tú que le va mejor? ¿Quién de ellos tiene más clientes y cobra mejores honorarios?

¡Ahí está tu ejemplo! Ese abogado que te vino a la mente tiene éxito por ser un gran jurista al mismo tiempo en que es un excelente empresario.

Esa solución que tú ofreces debe ser, de preferencia, única, o por lo menos ser lo suficientemente diferente del resto de la competencia. Esto se conoce como *PUV* o *Propuesta Única de Valor*. Es muy importante que te esfuerces en conseguir esta diferencia en tu propuesta ya que, si no lo logras, tu único modo de competir va a ser bajar tus precios. Y definitivamente no quieres entrar al mundo de la competencia por precios bajos.

Es más: bajar los precios es la peor estrategia que existe para competir en el mercado de servicios jurídicos. ¿Has notado que afuera de los tribunales siempre hay alguien que ofrece «asesoría jurídica gratuita»? Esto es: el costo de los servicios de ese abogado *fuera-de-tribunales* es igual a cero, lo que significa que si tú quieres entrar a esa dinámica de competencia tendrás que ofrecer tu conocimiento por menos que eso. ¿Realmente quieres competir por precio?

A veces, al principio, puede costar un poco de trabajo encontrar esa PUV que sirva de factor diferenciador para tu despacho, pero no te preocupes: te tengo cubierto. Más que romperte la cabeza pensando directamente en qué puedes hacer de manera diferente, hazte las siguientes preguntas:

1. *¿Qué tipo de problema concreto puedo resolver o prevenir con mis conocimientos jurídicos? ¿Qué necesidad específica puedo satisfacer con esos mismos conocimientos?*

2. *¿Qué tipo de persona es la que sufre o puede llegar a sufrir ese problema o experimentar esa necesidad?*

3. *¿Cómo influyen mis experiencias de vida, mi personalidad y mis circunstancias en la solución o prevención de ese problema o en la satisfacción de esa necesidad?*

De estas tres preguntas, la última es nuestra carta fuerte como juristas, la que más te va a ayudar a encontrar tu PUV, pues allí es donde radican los factores de diferenciación entre los abogados. Todos nosotros sabemos cómo redactar una demanda, un pagaré o un contrato, todos pasamos por la escuela de Derecho. En ese sentido, somos, si no iguales, muy muy parecidos, pero tus experiencias de vida, tu personalidad y tus habilidades son únicas y son las que harán que tu servicio sea distinto del que ofrece tu competencia y tenga un valor que nadie más pueda ofrecer.

Por ejemplo: conozco a una abogada cuyo diferenciador me encanta y todo lo que ha hecho con su despacho me resulta admirable. Se dedica a litigio familiar, concretamente a divorcios, y se asoció con una psicóloga que conoció en un seminario que alguna vez tomó por mero pasatiempo. Hoy, en su despacho ofrece como parte de sus servicios un procedimiento de conciliación mezclado con terapia de pareja antes de ir a tribunales. ¡Y todo porque su *hobbie* es la Psicología!

2. Que los demás necesitan

Existen muchos estudios sobre qué cosas en particular tratamos de evitar porque nos desagradan o nos hacen sufrir y qué cosas buscamos por la razón opuesta. Quizá uno de los más comunes es el que realizó el estadounidense Abraham Maslow, uno de los fundadores y principales exponentes de la Psicología humanista.

Maslow elaboró una jerarquía de las necesidades humanas (*A theory of human motivation*, 1943) que hoy se conoce como *pirámide de Maslow* (¡que nada tiene que ver con la pirámide de Kelsen, olvídate ya de eso!).

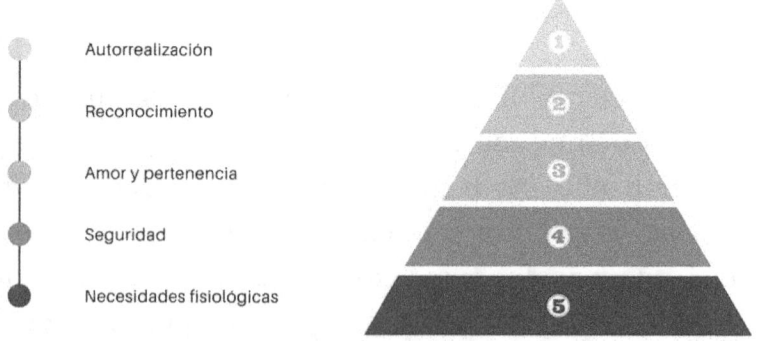

Imagen 10. Jerarquía de las necesidades humanas.

Como puedes notar, las necesidades humanas se acomodan en esta pirámide en 5 niveles, que van de las más básicas, ubicadas en la base, a las más complejas, en la cúspide.

- En la base se encuentran las *necesidades fisiológicas*, como respirar, alimentarse, descansar y tener sexo.

- Le siguen las *necesidades de seguridad y estabilidad*, como vivir en un entorno libre de violencia, contar con un empleo y un patrimonio.

- Después vienen los sentimientos de *amor y pertenencia*, referentes al afecto, la intimidad y el sentirse aceptado por los demás.

- Le siguen las *necesidades de reconocimiento*, que implican la atención y el respeto de los demás, la reputación y la dignidad.

- En la cúspide de la pirámide encontramos, finalmente, la autorrealización, la necesidad psicológica más compleja que consiste en dar un sentido a nuestras acciones y a nuestra vida.

Según Maslow, conforme se satisfacen las primeras necesidades, ubicadas en la base y en los primeros niveles de la pirámide, el ser humano podrá ir ocupándose paulatinamente de lo que se encuentra más arriba.

Por el contrario, una persona no podrá pensar en satisfacer una necesidad superior si las inferiores no están cubiertas. Por ejemplo, sería rarísimo que una persona estuviera tratando desesperadamente de establecer una relación afectiva con alguien más y dedicando todas sus fuerzas a eso, si lleva tres días sin comer y no sabe cuándo volverá a probar bocado. Lo normal es primero satisfacer lo más básico y, una vez que esto ya está asegurado, ir sofisticando nuestras necesidades.

Aquí es donde comienzan las buenas noticias para ti. Tú decidiste en algún punto de tu vida que querías estudiar Derecho y, al hacerlo, de cierta manera escogiste el tipo de necesidades de los otros que tú pretendes satisfacer. Y esas necesidades se encuentran, en su mayoría, en el segundo nivel inferior de la pirámide. Eso significa que son necesidades básicas y comunes, que requieren ser satisfechas con frecuencia.

Protección

Una de esas necesidades básicas que toda persona o corporación pretende satisfacer y que tú puedes proveer, es la *protección*: el deseo de mantenernos cubiertos y de resguardar a nuestros seres queridos y a nuestro patrimonio de los embates de la vida.

Eso te pone en un lugar privilegiado frente a muchos otros negocios: ya sabes que puedes ofrecer algo que la gente quiere. Como eres abogada o abogado, puedes ofrecerles a muchas personas allá afuera lo que buscan con desesperación: la posibilidad de mantenerlos a salvo de algún riesgo, resolverles un problema que los amenaza, evitarles una desgracia o minimizar sus efectos.

Control

Otro satisfactor que puedes proveer es el *control*. Aunque muchas veces la necesidad de control puede parecernos una bandera roja que asociamos con formas de ser no muy deseables, lo cierto es que todos queremos ejercer cierto grado de mando sobre las cosas, las personas y las situaciones que nos interesan. No es lo mismo ser controlador que querer estar consciente y participar en las decisiones y acciones importantes de nuestra vida, así que, por esta ocasión, guarda la bandera roja.

En el caso de una empresa, por ejemplo, los accionistas desean controlar —o, por lo menos, supervisar— las decisiones de los administradores y estos, las de los gerentes, y así sucesivamente. Y son tus conocimientos jurídicos las herramientas que pueden ayudarlos a tener ese control a través de la redacción de contratos, estatutos, reglas de operación y muchos otros documentos del estilo.

Estos son solo dos ejemplos, pero hay más

¿Ya te diste cuenta de dónde está la clave de asumir el liderazgo del despacho? Supongamos que te dedicas a derecho corporativo. Si ese es el caso, tú no le estás vendiendo a tus clientes contratos, redacción de actas de asamblea o revisión de estatutos, lo que tú les estás ofreciendo es algo más valioso: *control* y *orden*. Es decir, vendes la satisfacción de esa necesidad básica que tenemos todos.

Si lo tuyo es el *compliance* o la prevención de lavado de dinero, lo que vendes no es una revisión o un análisis de ciertas operaciones, sino que vendes *protección* en contra de riesgos potenciales muy definidos que esa rama del Derecho procura evitar; algo así como una compañía de seguros que no vende pólizas, sino *despreocupación*.

Ahora imagina que eres litigante. Tú no prestas el servicio de dar seguimiento a un juicio. No vendes demandas o «escritos». Tú vendes la *tranquilidad* de que el juicio será atendido y resuelto. Tu no vendes tu conocimiento de la ley o de la jurisprudencia; vendes *protección, control y tranquilidad*. Esta es la verdadera necesidad que satisfaces con la carrera que estudiaste y con los conocimientos sobre Derecho que posees. Entender esto es tarea del líder y de nadie más.

Ahora, vamos a hacer un ejercicio: yo sé que quieres seguir leyendo, pero te advertí desde el principio las reglas del juego y que este libro no se podía leer de un tirón. Así que deja por un momento este libro, toma pluma y papel o enciende tu computadora, tu tableta o donde sea que trabajes, y haz lo siguiente: encuentra la necesidad básica que tú deseas solventar y la manera en que lo harás.

Para no mandarte solo al ruedo y para que encuentres algo de inspiración, te dejo algunos ejemplos:

Tabla 3. ¿Cómo solventar tus necesidades básicas?

NECESIDAD BÁSICA	MANERA DE SATISFACERLA
Control	Quien se dedica al Derecho Corporativo da a los accionistas control sobre su sociedad
Protección	Quien se dedica a *compliance* previene de riesgos
Tranquilidad	Quien litiga da tranquilidad a su cliente sobre el hecho de que el juez dará la razón a quien la tiene
Trascendencia	Quien se especializa en materia familiar otorga a sus clientes la seguridad de que su legado permanecerá en el tiempo
Seguridad	El notariado brinda la certeza de que los actos jurídicos de los que se da fe son ciertos y están exentos de riesgo
Libertad	Quien se dedica al Derecho Penal… Bueno, no hay mucho que explicar al respecto, ¿verdad?

¿Ya volviste? Bien, seguramente, después de hacer este ejercicio, esa voz de tu conciencia y esa vocación por el derecho estarán preguntándote *¿dónde quedó la justicia?* Pues bueno, también puedes considerar que la justicia es una necesidad básica, si encuentras una justificación lo suficientemente sólida para ello. Maslow no la menciona directamente, pero quizá podríamos ubicarla en la cúspide de su pirámide, en el rubro de *autorrealización*.

Aquí no nos vamos a meter en ese tema, porque prefiero que sea John Rawls quien hable de Justicia. Recuerda que hoy estamos aprendiendo todo aquello que la doctrina jurídica no aborda.

3. A un precio que están dispuestos a pagar

Vuelve a leer este subtítulo. No dice *a un precio competitivo*. No dice *barato*. Dice *a un precio que están dispuestos a pagar*. ¿Quiénes son esos que están dispuestos a pagar? ¡Tus clientes!

Cuando contratamos un servicio nos hacemos una idea, casi siempre subjetiva, de cuánto vale. ¿No te ha pasado? Vas camino a la cita de diagnóstico con el dentista y vas haciendo cálculos en la cabeza aunque no tengas ni la más remota idea de cuánto cuesta una resina. Ese valor lo calculas pensando en la cantidad de dinero que estás dispuesta o dispuesto a pagar por tener una dentadura envidiable. Con tus servicios ocurre lo mismo. Tus clientes tienen una idea de cuánto están dispuestos a pagar por la protección, el control, la tranquilidad o la trascendencia que tu servicio les ofrece.

Mientras mayor sea el valor percibido de tu oferta, más dinero podrás cobrar por ella, lo que mejorará significativamente tus probabilidades de que «Tú & Asociados, Abogados» sea próspero y te permita alcanzar esa vida que sueñas.

Lo más interesante de todo esto es que el precio de tus servicios no tiene que estar determinado solo por tus costos (de eso hablaremos más adelante) y por lo que cobra la competencia. Estas son dos estrategias muy válidas y que han dado muy buenos resultados a otros abogados en el pasado y, de hecho, tú también deberás tomarlas en cuenta para definir el importe de tus honorarios, pero no te recomiendo que te centres únicamente en ellas, porque no dependen directamente de los beneficios que produces en la sociedad.

Además, determinar el precio únicamente en función de tus costos o de la competencia implica que tu retribución estará determinada por factores sobre los que tú no tienes total control. Esto cambia cuando defines tus precios en función del valor que entregas a tus clientes.

En mi caso, por ejemplo, pasé de formar parte de una estructura corporativa gigantesca, que atendía a clientes igualmente gigantescos y que les cobraba por hora en dólares americanos, a atender a pequeños y medianos empresarios y a servidores públicos en problemas administrativos que jamás iban a pagar los mismos honorarios que mi empleador cobraba por cada hora de mi trabajo.

Por ello tuve que hacer un esfuerzo previo a salir al mercado: definir mis precios en función de lo que mis futuros clientes estarían dispuestos a pagar. Sobre la marcha fui afinando esa estrategia, con la mira puesta en encontrar mi PUV para tener menos competencia cada vez.

Ahora veamos cuáles son los factores clásicos que puedes tomar en cuenta para definir el precio de los servicios de «Tu & Asociados, Abogados»[16].

Naturaleza del asunto

Siempre hay que tomar en cuenta el tiempo y el trabajo que tendremos que invertir para atender lo que el cliente nos está pidiendo, qué tan novedoso es el asunto y, por ende, qué dificultades trae (o presumiblemente traerá) y qué nivel de preparación o especialización necesitará. No todos tus servicios son iguales y no todos requieren el mismo tiempo y preparación, así que considerar las particularidades de cada asunto te ayudará a estimar el valor que deberás otorgarle a tu trabajo. No es lo mismo redactar el testamento de una dulce y ordenada viejecita, que representar a un gran empresario que se está peleando con su exsocio luego de liquidar una multimillonaria sociedad.

Intereses en juego

Con esto podrás darte una idea del valor que tu cliente le otorga a tu trabajo. Trata de conocer qué pérdida o ganancia posible trae para el cliente la atención del asunto que te quiere encomendar y qué

---

16   Estos factores, que yo llamo «clásicos», están inspirados, aunque con ligeras modificaciones, en una obra que seguramente ya consultaste: Carbonell, M. (2020). *Los honorarios profesionales de los abogados*. México, Centro de Estudios Carbonell.

beneficios traerá consigo que te contrate, así como qué perjuicios le puede ocasionar que no cuente con tu asesoría.

Urgencia

Hay veces que la encomienda que te da un cliente exige una acción urgente. A veces es el propio cliente, más que la encomienda, quien tiene mucha urgencia por resolver su situación. Considera si el trabajo que te están solicitando exige o no una atención urgente. En caso de que sí la requiera, considera también si, además de tu respuesta inmediata, requiere toda tu atención.

Recuerda que, a mayor atención y urgencia demandada, mayores deberán ser los honorarios, porque se incrementa tu costo de oportunidad.

Costo de oportunidad

Es decir: tu propio costo de oportunidad. ¿El hecho de hacerte cargo de este asunto te impediría o hará más complicado tomar otro u otros asuntos?

Prestigio y reputación

Esto tiene que ver con la fama que te has construido, con el tiempo. Si lo haces bien, irá aumentando. La experiencia, reputación y habilidad que posees para atender un determinado tipo de asuntos es un factor clave al momento de determinar tus honorarios. Un abogado de renombre y con una gran lista de casos ganados difícilmente cobrará lo mismo que un recién egresado que atiende a sus primeros clientes.

Especialización

Esto va muy de la mano de lo anterior, porque en la medida en que te concentres en una sola área del Derecho o actividad jurídica, o en un tipo de cliente o en resolver un tipo de problema en concreto, será más sencillo para ti alcanzar niveles de prestigio y reputación mayores.

Aunque algunos mercados son muy pequeños y no siempre te permitirán la especialización, es muy recomendable que lo intentes, pues siempre será mejor posicionarte como referente en un sector que competir contra otros abogados que hacen lo mismo que tú. Pero de esto hablaremos a fondo más adelante.

Flujo de efectivo

Esto consiste en cuidar que nunca te quedes sin dinero disponible en caja. Busca proponer esquemas de honorarios que te permitan que el dinero esté entrando en tus cuentas constantemente. De ello hablaremos un poco más adelante, cuando abordemos el tema de los estados financieros.

Como te dije, estos son los factores «clásicos» a tomar en cuenta para fijar tus honorarios. Ahora veamos algunos adicionales, que yo he ido encontrando en el camino y que pongo por escrito para ti.

Reposición

Es una derivación del factor clásico de «intereses en juego». Se trata de fijar tus honorarios en función de cuánto costaría reemplazar un bien. Imaginemos, por ejemplo, que eres litigante y vas a defender la propiedad de una casa. ¿Cuánto costará un terreno como aquel, que un arquitecto haga los planos y que un grupo de albañiles utilice materiales similares para levantar una casa exactamente igual?

Descuentos de flujos de efectivo

Otra derivación más del mismo factor clásico de «intereses en juego». Aquí, lo que vas a tomar en cuenta es el rendimiento de los bienes que están en juego a lo largo del tiempo. En el ejemplo de la casa, ¿cuánto rendiría por mes si el dueño la diera en arrendamiento? ¿Cuánto valdrían hoy esos rendimientos, si se pagaran en una sola exhibición? Este factor es muy útil para relaciones cliente-abogado a largo plazo.

Balance de cualidades

Francamente este es mi favorito y en el que más me centro al momento de fijar mis propios honorarios. Se trata de descubrir qué valor tiene ese servicio que tú ofreces para una persona en particular o para un grupo de personas bien definido.

Uno de mis principales esfuerzos desde que tengo mi propia práctica profesional, ha sido centrarme en encontrar esa diferencia que me ayuda a no tener competencia y a no tener que cobrar más barato que la competencia para quedarme con el asunto, sino ofrecer algo que nadie ofrece para que la fijación de honorarios sea mucho más sencilla.

Y a estas alturas te estarás preguntando cuál es ese algo que ofrezco que nadie más ha hecho. Bueno, hay varias respuestas a esa pregunta porque mis factores diferenciadores son tantos como servicios tengo en mi catálogo. Así que te voy a dar solo un ejemplo de mi diferenciador como Formador de Abogados.

¿Estás listo? Aquí va. Lo tienes en tus manos. Se trata de este libro que estás leyendo justo ahora.

Como te podrás dar cuenta, la clave del éxito en este factor es tener bien clara tu PUV. Centrarte en descubrir el valor de tu oferta para el tipo de clientes a los que quieres servir y luego fijar un precio que tome en cuenta que es algo único y de valor.

4. De modo que satisfaga las necesidades del cliente y exceda sus expectativas

Como te dije antes, tienes que entregar al cliente lo que le prometiste... y un poco más. En eso consiste, precisamente, exceder sus expectativas.

Por la naturaleza de nuestra profesión es muy importante que los clientes sientan que te importan, que sus necesidades serán escuchadas y solventadas y eso se logra desde el primer momento en que entras en contacto con ellos. Es más, a veces puede ocurrir antes; desde el primer momento en el que el cliente conoce sobre tu despacho o sabe de su existencia.

Por eso, es recomendable que pongas mucha atención en tus áreas de servicio y atención al cliente. Procura que estas áreas destaquen por la rapidez, amabilidad y efectividad. Esto no es ningún hilo negro ni el secreto mejor guardado del mundo de los negocios o la abogacía, de hecho, esto es lo que todos los despachos hacen. La diferencia radica en que «Tú & Asociados, Abogados» no es cualquier despacho y, por eso, además de tener un excelente trato con los clientes, se va a preocupar del factor sorpresa, también conocido como factor *¡wow!* Y lo va a incluir en el proceso de atención al cliente.

Veamos un ejemplo. Imaginemos que una empresa multinacional contrata a dos despachos de litigio para que ambos revisen y «den seguimiento» —esa expresión nos encanta a los abogados, ¿a poco no?— a cincuenta expedientes judiciales cada uno. El servicio que ambos despachos deben prestar consiste en redactar un reporte, no más extenso que una hoja carta, en la que enlisten los acuerdos que fueron publicados ese día.

Ahora mira la diferencia: el despacho 1, fiel a su tradición, envía al pasante a revisar las listas al juzgado, quien, luego de una travesía por toda la ciudad y de hacer esa clásica escala culinaria tan propia de los pasantes, regresa a la oficina, se refresca y, después de platicar un rato con sus compañeros sobre la serie de *Netflix* del momento, pasa en limpio su reporte y lo manda al socio para que lo revise. El socio, que tiene muchísimo trabajo, deja el reporte descansando en su bandeja de pendientes hasta que, a eso de las seis de la tarde, lo revisa y lo devuelve con correcciones al pasante. Luego de varias vueltas entre el socio y el pasante, el pobre reporte alcanza su versión definitiva a eso de las nueve de la noche, hora en que el socio, de malas, abrumado y cansado, lo envía al cliente mediante un correo electrónico apresurado, parco y hasta hosco, que solo dice algo así como:

«Carolinaa: te envió el reporte corespondiente al día dde hoy, saldos cordiales [...]»

Las faltas de ortografía, los errores de dedo y la despedida genérica o de machote son el sello distintivo de ese despacho.

En cambio, el despacho 2 trata de sorprender a su cliente y hace uso del portal de justicia en línea, ese del que tanto desconfía el viejo despacho 1, pero que al despacho 2 le permite ahorrarse los trayectos y el desperdicio de horas o personas que implican. El pasante ya fue previamente capacitado y sensibilizado sobre la importancia de su función; está consciente de que su primera tarea del día es revisar esos cincuenta asuntos encomendados desde su computadora, por eso siempre tiene un borrador listo poco antes de las nueve y media de la mañana. A esa hora, el socio está igual de cargado de trabajo que el del despacho 1, pero tiene una agenda bien organizada y sabe que a las nueve y media de la mañana tendrá el preliminar del reporte en su escritorio y lo tiene que revisar y corregir. Disciplinado como es, a pesar de su agenda tan apretada, emprende esa tarea, pero como antes dedicó tiempo a preparar un formato con el que estandariza el trabajo de su pasante, las correcciones son mínimas y sencillas.

A las diez de la mañana, el cliente ya tiene ese reporte en su poder, que le llegó en un correo electrónico redactado con muchísimo cuidado, en un tono cordial pero profesional, que hace al cliente sentirse *tranquilo* de que sus asuntos están en buenas manos.

Por si eso fuera poco, el despacho 2 anexó a su reporte las versiones electrónicas de los acuerdos judiciales que está reportando y un resumen de dos renglones de cada uno de ellos. Además, al final del mes, el despacho 2 le envía al cliente una agenda actualizada con las fechas de las audiencias de los juicios, a pesar de que el cliente no las pidió.

¡Wow! Esto es algo que el cliente no esperaba, pero le resulta muy útil y lo deja gratamente sorprendido porque excedió sus expectativas. Si te fijas, lograr

el factor sorpresa en este ejemplo no requirió que se gastara más, solo necesitó una buena organización y algunos gestos simples.

Para que logres este tipo de «sorpresas» que marcan una enorme diferencia para los clientes, tienes que pensar en todos tus procesos. Y para ello tienes que preguntarte constantemente cómo puedes satisfacer la necesidad de tu cliente o solucionar ese problema de la mejor manera posible.

El secreto para que te respondas esta pregunta es muy sencillo: ten empatía, ponte en los zapatos del cliente y trata de pensar y sentir como él o ella; e imagina cómo puedes sorprenderle.

5. **Para generar beneficios para seguir adelante con nuestras metas**

«Tú & Asociados, Abogados» es una empresa y, como tal, debe producir riqueza. Pero el dinero no es un fin en sí mismo, sino un medio para alcanzar las metas, tanto de la empresa como las de sus dueños. Por eso es importante que hayas fijado tus metas personales y que, ahora, determines cuáles quieres que sean las metas de tu despacho jurídico.

III. El núcleo del despacho en acción

Este es el núcleo de tu despacho como empresa: proporcionar de manera repetitiva un servicio en el sector legal que los demás quieran o necesiten, a un precio que estén dispuestos a pagar, de manera que satisfaga las necesidades del cliente y supere sus expectativas, para generar ganancias que te permitan alcanzar tus metas.

Apóyate en este modelo mental para que fijes con la mayor claridad y especificidad posible los siguientes rubros (verás que siguen el mismo esquema):

El tipo de servicio que vas a ofrecer

¿Te dedicarás a litigar? ¿En qué materia? ¿Darás consultoría sobre cuestiones fiscales, ambientales o en materia energética? ¿Todas ellas a la vez?

Propuesta Única de Valor

Hay que insistir en este punto: si tu mercado te lo permite, no dudes en especializarte.

En 1817, el economista David Ricardo escribió el libro *Principios de economía política e imposición fiscal*. En él, se hace la siguiente pregunta: «¿Es mejor para la economía de un país ser autosuficiente y producir todos sus bienes o especializarse en producir algunos y luego comerciar con el resto de los países?» (1932, p. 208).

Luego de una larga explicación en la que toma como ejemplos a su natal Inglaterra y Portugal, concluye que:

Así es como el dinero de cada país queda distribuido en las cantidades que sean necesarias para regular un comercio de permuta provechoso. Inglaterra exportaba tejidos a cambio de vino [de Portugal] porque, al hacerlo, su industria se hacia [sic] más productiva para el país; obtenía de ese modo mayor cantidad de tejidos y de vinos que si hubiera manufacturado ambos artículos para su consumo; y Portugal importaba tejidos y exportaba vinos porque su industria podía ser más beneficiosamente empleada en la producción de vino.

Siguiendo como ejemplo la economía de estas dos naciones del Viejo Mundo, Ricardo llegó a la conclusión de que los países se enriquecerán más y más rápido si primero se especializan en producir una determinada clase de bienes y luego comercian entre sí con sus excedentes. Esto aplica también a las empresas y a los despachos de abogados: una firma legal tendrá mejores resultados económicos si se dedica a aquello en lo que sus integrantes destacan.

Esta es una razón de peso para que tu despacho se especialice, y para ello, puedes considerar varios factores:

1. Especializarte en una rama del Derecho: civil, mercantil, administrativo, derechos humanos, etc.

2. Especializarte en una actividad jurídica en particular: redacción de contratos, asesoría y trámites para registro de marcas, redacción de avisos de privacidad, etc.

3. Especializarte en una industria o actividad económica: inmobiliario y construcción, telecomunicaciones, cuidado del ambiente, sector educativo, etc.

4. Especializarte en algún área geográfica: una ciudad, una entidad federativa o una región del país.

Obviamente estos criterios de especialización no son excluyentes entre sí: puedes optar por varios de ellos a la vez y dedicarte, por ejemplo, al litigio en materia de discriminación entre las universidades de la capital del país y sus estudiantes.

No creas que perdí el piso: estoy consciente de que esto no siempre es posible. Por ejemplo, si vives en una ciudad pequeña la especialización puede ser un lujo, pero es muy recomendable que encuentres un nicho en el que tu despacho se convierta en el referente y el líder. Si haces esto vas a evitar competir por precio.

Tu cliente ideal

¿A qué clase de personas deseas servir? ¿Cuál de todos los problemas que tiene esta persona es el que quieres solucionar? ¿Vas a atender a un sector económico o una industria en particular? ¿Serán servidores públicos? ¿Empresas maquiladoras de más de cien empleados? ¿Artistas, intérpretes, compositores o personas que se dedican al entretenimiento?

Aquí tienes que hacer un ejercicio de reflexión y autoconocimiento: pregúntate, *¿con qué tipo de personas me siento más cómodo cuando trabajo?* Esto, en *marketing*, se conoce como definición de tu *avatar* o tu *buyer persona*: básicamente es una representación de tu cliente ideal basada en informaciones reales sobre el comportamiento y las características de las personas a las que deseas servir.

Además, definir al tipo de cliente te ayudará a especializarte y encontrar el factor del que recién hablábamos: *¡wow!* Ahora te comparto el método que yo mismo creé y utilicé para definir cómo es el cliente ideal de mi despacho de abogados. Lo primero es tener claro qué es lo que vas a ofrecer y a quién. Para ello, comienza por contestar con la mayor claridad posible:

- ¿Qué es lo que los demás abogados que conozco NO están haciendo?

- ¿Qué quieren mis clientes? ¿Qué necesitan?

- ¿Qué les impide lograrlo?

- ¿Cuál va a ser el cambio que experimenten como resultado de mis servicios?

- ¿Qué sucederá si no cambian?

Después de que respondas esas preguntas, vamos a encontrar con quién te sientes más a gusto trabajando. Para ello, imagina con qué persona o tipo de persona serías más feliz trabajando. Responder estas preguntas adicionales te puede resultar de mucha utilidad:

- ¿Qué edad tiene ese cliente que imaginaste?

- ¿De dónde es?

- ¿Cuánto dinero gana?

- ¿En qué trabaja y qué puesto ocupa? ¿En qué tipo de negocio está?

- ¿Importa su estado civil? Si es así, ¿qué estado civil tiene?

- ¿Tiene hijos? ¿Cuántos?

- ¿En dónde vive?

- ¿Por qué querría trabajar contigo?

- ¿Qué les preocupa? ¿Qué les enoja? ¿Qué les estresa o les quita el sueño?

- ¿Cómo van y cuánto tardan en llegar a su trabajo?

- ¿Qué entretenimiento consumen?

- ¿Consumen noticias? ¿Por qué medio?

Tus mecanismos de cobro

Ya tienes idea del valor que le vas a aportar al cliente y cuánto representa en dinero ese valor. Ahora es momento de fijar los mecanismos para que esa retribución llegue a ti.

Puedes establecer tarifas fijas, tarifas o porcentajes de éxito, igualas mensuales o tarifas horarias. Lo más recomendable en este rubro es que no te límites a los métodos tradicionales de cobro de los abogados.

Un ejemplo que, en lo personal, me gusta mucho respecto de los mecanismos de cobro y que fue, además, uno de los primeros que estudié cuando decidí que emprendería en el sector legal, es el de Summit Law Group, un despacho asentado en Seattle, Estados Unidos, que presta servicios en materias comercial, medio ambiente, laboral e inmobiliario.

El aspecto innovador de esta firma, en cuanto a cobro de honorarios se refiere, consiste en que es el cliente —¡sí, el cliente!— quien determina cuánto valor recibió de los abogados para, en función de ello, decidir cuánto debe pagar.

La firma lo describe así en su sitio web:

Summit Law Group es un despacho de abogados dedicado a trabajar de manera diferente. Mantenemos un enfoque centrado en lo que más importa: usted. Eliminamos todo el exceso de equipaje que no es necesario para brindar un trabajo de calidad: sin oficinas lujosas ni obras de arte caras. Y estamos tan seguros de que usted estará satisfecho con los servicios que brindamos que le permitimos decidir cómo debemos ser retribuidos a través de nuestros innovadores arreglos de tarifas y una línea de ajuste de valor en cada factura; usted puede ajustar nuestras tarifas según lo que crea que valen nuestros servicios[17].

Así pues, sé creativo, tu imaginación es tu límite.

Tus factores de satisfacción del cliente

Recuerda que tu despacho tiene que entregar un servicio de valor, que va a satisfacer al cliente y a exceder sus expectativas. ¿Cómo es que vas a hacer eso? Bueno, el primer paso es responderte, al menos, las siguientes preguntas:

---

17   Tomado de la página *web*: https://www.summitlaw.com/. El texto es una traducción libre del autor de: «Summit Law Group is a law firm dedicated to working differently. We champion an approach to focus on what matters most: you. We removed all the excess baggage that is unnecessary to providing quality work – no lavish offices and no expensive art. And we are so confident that you will be happy with the services we provide that we let you decide how we should be compensated through our innovative fee arrangements and a Value Adjustment Line on every invoice – you can adjust our fees based on what you believe our services are worth».

- ¿Qué va a sentir el cliente cuando llegue a tus oficinas?

- ¿Qué sentirá cada vez que hable contigo, con algún miembro de tu equipo o con tus socios?

- ¿Cómo va a ser la comunicación con tu cliente?

- ¿En qué horarios y por qué canales vas a estar disponible para él?

- ¿Cómo vas a responder cuando el cliente no esté satisfecho e incluso, esté decepcionado? (te ayudo con esta respuesta. Una regla de oro en estos casos es nunca llegar con el cliente solo con el problema, sino asegurándote de que bajo el brazo traes, además del problema, una solución, un plan B, un plan C y hasta alguna vía de compensación).

Los mecanismos para que todo esto te ayude a alcanzar tus metas

Sí, no olvidemos que todo esto persigue como propósito principal que tú tengas la vida que soñaste cuando comenzaste a estudiar Derecho.

Para ello, necesitas un cierto esquema de organización, que veremos cuando asumas el rol de dirección de «Tú & Asociados, Abogados».

IV. Las metas del despacho

Por lo pronto, como ya tienes claro lo que vas a ofrecer, a quién, por cuánto y con qué expectativas, es momento de que redactes los cuatro elementos que determinan el rumbo de tu despacho: el propósito, la misión, la visión y los valores.

Como tu negocio es tu espejo, esos cuatro elementos deben estar alineados con tu meta profesional. ¡Precisamente para eso quieres que el despacho sea *tuyo*!

Propósito

Cuando eliges tu propósito estás tomando dos decisiones. Por un lado, decides qué es lo que hará tu despacho y, por el otro, estás escogiendo qué cosas no va a hacer. Algo así como «Tú y Asociados, Abogados» se dedica a "X" y, por lo tanto, no hace otra cosa.

Formular tu propósito es útil en dos aspectos:

1. Es como lanzar un ancla que te ayudará a mantener el barco en su sitio: *me dedico a esto y a nada más*.

2. Te distingue a ti y a tu despacho del resto de los abogados: *doy este resultado que nadie más ofrece*.

Detengámonos un poco más en ese segundo punto. Si describes lo que hace tu despacho en términos muy genéricos, algo como: *somos una firma especializada en litigio o somos los mejores consultores jurídicos*, entonces, realmente no tienes un propósito.

Es fundamental que al elegir tu razón de existir, los clientes específicos que deseas tener y las necesidades que vas a satisfacer, te distingas de otras firmas jurídicas que podrían hacer lo mismo que tú o algo muy parecido. No me canso de repetirlo: descubrir qué tienes tú por ofrecer que los demás no, es descubrir tu arma secreta.

Para que veas que yo también pongo en práctica todos estos consejos y que ya vienen probados de primera mano, te comparto mi propia experiencia al respecto. Mi despacho de abogados se especializa en litigio administrativo. Su propósito es «utilizar el conocimiento jurídico para indicar a la Administración Pública y al Estado en general en dónde están sus límites frente a los particulares». Esa es la razón de ser de mi despacho de abogados y en ello descansa la diferencia con otros despachos que también se dedican a prestar este servicio jurídico[18].

V. Misión, visión, valores

Misión

La gente suele confundirse cuando se trata de distinguir entre la misión y el propósito, pero son dos cosas

---

18 Si deseas abundar sobre la importancia de tener un propósito y de las diferencias entre éste y la misión, te recomiendo que leas el libro *El Estratega*, de Cinthya A. Montgomery (México: Penguin Random House Grupo Editorial, 2012).

diferentes. Creo que lo que genera la confusión es que tenemos ideas muy vagas de qué es cada cosa, así que pongámoslo simple: la misión es, en concreto, un enunciado sobre lo que la empresa realiza en el momento presente.

La principal diferencia con el propósito es que la misión es una actividad concreta que realizas hoy, en tanto que el propósito es un enunciado sobre por qué tu despacho importa y por qué el mundo es distinto y mejor gracias a que existe.

La misión debe ser corta, precisa, sencilla y fácil de entender. Además, debe ser inspiradora para todos los que van a formar parte de tu equipo de trabajo. En mi despacho de abogados, esta es nuestra misión. Fíjate cómo es diferente del propósito:

Somos una firma de abogados dedicada a solucionar los conflictos que los particulares tienen con el gobierno, diseñando e implementando estrategias de litigio que ayuden a proteger los derechos de nuestros clientes.

Visión

Así como la misión habla del presente, la visión presenta el futuro. Podríamos decir que la visión es un enunciado sobre cómo quieres que tu negocio sea en el futuro; el lugar dentro del mercado al cual deseas que tu despacho de abogados llegue.

Puede ser que desees pasar de ser un prestador de servicios regional a uno nacional o internacional, o convertirte en referente en una materia jurídica en concreto. La visión es sumamente útil porque te ayuda a trabajar con una panorámica de a dónde quieres estar al final de la travesía.

El enunciado de visión tiene que seguir, más o menos, el modelo *SMART+*: ser específica, medible y comprobable, retadora, con una proyección a largo plazo, independiente y formulada en positivo. A manera de ejemplo, te comparto la visión de mi propio despacho:

> *Ser una firma de abogados confiable que evoluciona a la par de nuestros clientes para brindarles soluciones jurídicas eficaces.*

Valores

Los valores son el código bajo el cual se regirá tu negocio; representan las creencias y los principios que regirán a tu despacho. Tenerlos claros ayudará a orientar la conducta de las personas que integrarán tu equipo.

Estos valores deben ser convincentes y coherentes, además de que, claro, deben de ser aceptados y cumplidos por ti y por tu equipo. Esto último es lo más importante de los valores porque, si no se cumplen, se quedan para siempre en el plano de lo abstracto y creo que a estas alturas ya debes tener muy claro que lo importante en un negocio es que todo llegue siempre al terreno de las acciones.

Aquí hay algunos ejemplos de valores:

- Innovación

- Creatividad

- Excelencia

- Honradez

- Orientación a resultados

No te recomiendo que tengas más de cinco valores (los de mi despacho, por ejemplo, son solo tres: ética, sinergia y eficacia), mantente en el plano de lo alcanzable.

Las metas *SMART+* de tu despacho

Usa el conocimiento que ya adquiriste sobre metas *SMART+* y aplícalo para redactar las metas que quieres que tu despacho alcance al finalizar este año, dentro de cinco o dentro de diez.

Recuerda que lo que escribas no quedará grabado sobre piedra, sino que podrás —o, mejor dicho, *deberás*— irlo ajustando constantemente.

CAPÍTULO 5
LA DIRECCIÓN DE TU DESPACHO

I. Administrar recursos y captar clientes

Muy bien. Vamos a recapitular. Ya marcamos en el mapa la cruz a la que el despacho, como la empresa que es, tiene que llegar. Ya entendimos cuál es la esencia de los negocios y cómo opera esa esencia aplicada a una firma legal. Ya definimos el propósito, la misión, la visión y los valores, así como el cliente ideal, el tipo de servicio que vas a ofrecer y los mecanismos para cobrar honorarios. ¡No poca cosa! En las últimas páginas has estado desarrollando tus habilidades como líder: ese rol visionario y de estrategia, que se encarga de todas esas actividades orientadas al futuro y a las metas del negocio.

Ahora vamos a cambiar de cachucha. Dejaremos de lado el rol de liderazgo para asumir el rol directivo que, como recordarás, consiste en definir la ruta para llegar a ese destino que el rol de liderazgo ya marcó en el mapa. Eso no es otra cosa más que administrar los recursos del despacho y captar clientes. La dirección de todo negocio, «Tú & Asociados, Abogados» incluido, abarca cuatro áreas:

- Administración
- Recursos humanos
- *Marketing*
- Ventas

Cada una de estas áreas es igualmente importante que las otras. La dirección de tu despacho es como una mesa a la que, si le falta alguna de sus cuatro patas o si tiene una pata frágil, perderá estabilidad y terminará por caer. Si te falta alguna de estas cuatro áreas, simplemente no tienes negocio. Así de sencillo.

Vamos a ver de qué trata cada una de estas cuatro áreas y cuáles son sus funciones. O, por lo menos, las funciones en las que más atención debes poner cuando tu despacho sea un bebé recién nacido, para hacerlo crecer fuerte y grande, pero, muy especialmente, con la salud que ofrecen un par de suplementos llamados «orden» y «constancia».

II. Administración

Administrar una empresa no es otra cosa más que llevar a cabo todas aquellas actividades que nos permitan planificar, controlar y dirigir los activos con los que cuenta. Abarca el uso adecuado y eficiente de sus recursos financieros, materiales, cognitivos y tecnológicos, siempre con el ánimo de que la empresa logre alcanzar sus objetivos.

La administración también comprende tu capital humano, pero como esto es esencial para tu despacho, decidí que hablaremos de eso en un espacio especial más adelante en este libro.

Cuando comiences con «Tú & Asociados, Abogados» debes poner especial atención a una de estas funciones administrativas: el control de tu dinero.

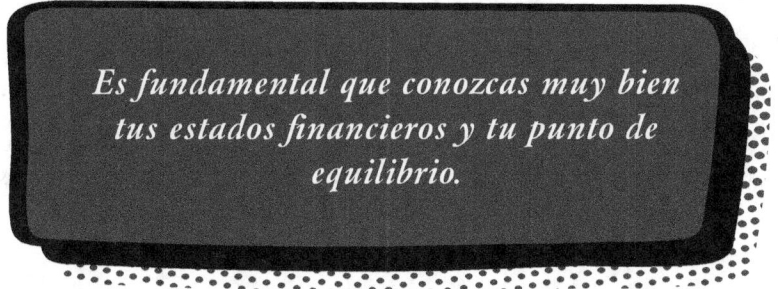

Es fundamental que conozcas muy bien tus estados financieros y tu punto de equilibrio.

Y bueno, esto aplica no solo cuando comiences, aunque es un momento crucial para cuidar tu dinero, esta función siempre debe estar hasta arriba de tu lista de funciones administrativas. La administración se encarga de muchos aspectos más, pero de entre todos ellos, el del control de tu dinero es el que en ninguna circunstancia deberás perder de vista. De otra manera va a ser muy complicado tener un despacho que funcione como una empresa exitosa.

Control de tu dinero

«Tú & Asociados, Abogados» es una firma legal, de acuerdo. A los abogados nos encanta presentarnos a nosotros mismos como servidores del Derecho y coadyuvantes de la justicia y todas esas cosas que son muy ciertas y sumamente inspiradoras, pero que, como ya te he dicho, no son materia de este libro.

Sí, ayudamos con nuestra carrera a que el mundo sea un lugar mejor para vivir, procurando que cada uno tenga lo que le corresponde. Pero en el mundo real y en el día a día, no comemos de nuestras buenas acciones ni de nuestro servicio a la sociedad. Como todo el mundo, nosotros también necesitamos pagar las facturas. Y para ello requerimos una retribución económica por lo que hacemos. Esa retribución debe ser controlada, y ese control te corresponde a ti.

Tú y tu despacho, dos patrimonios

La primera cosa que debes saber para asumir el control de tu dinero es una regla de oro. Nunca, nunca de los nuncas, JAMÁS, mezcles tu dinero personal con el dinero de tu negocio.

Como el excelente abogado que eres, ya te veo poniéndome un pero: *peeero… el patrimonio es un atributo de la personalidad y cada persona tiene un patrimonio.* Eso es cierto y tenerlo presente te ayudará a resolver los problemas de tus clientes, pero no para dirigir tu despacho. Así que olvídate de las teorías sobre el patrimonio y separa tu dinero del dinero de tu negocio. Abre cuentas de banco distintas (eso fue lo que yo hice cuando comencé), asigna sobres distintos, ¡crea tu propio método para mantener separados los dos patrimonios! Pero nunca te olvides de a quién pertenece cada centavo.

Todo el dinero que ingresarás pertenece a «Tú y Asociados, Abogados», no a ti, aunque seas tú quien trabaja y realiza todas o casi todas las funciones de liderazgo, dirección y operación.

Y seguro ahí viene otro pero: *peeero… ¿me estás diciendo que debo tener un despacho rico con socios pobres?* Claro que no. Lo siguiente que debes hacer después de entender que ese dinero no es tuyo, es abrir los caminos para que los billetes fluyan ordenadamente de la cuenta del despacho a tu bolsillo[19].

---

19   Cuando yo inicié mi propio despacho, seguí el sistema *profit first*, creado por Mike Michalowicz, explicado por él mismo en su libro de ese mismo título, traducido como *La ganancia es primero* (México, Conecta, 2017). El método es completamente contraintuitivo, pues se aleja de la típica fórmula que tu contador va a querer aplicar de Venta – Gasto = Ganancia, y la sustituye por la de Venta – Ganancia = Gasto.

Puede ser que te asignes un sueldo fijo, aunque lo que a mí me parece más sensato al inicio es que te asignes un porcentaje de tus ventas, o sea, una comisión. Considero que una comisión es lo más viable al arrancar, por dos razones que están íntimamente vinculadas con el dinero:

1. **La primera:** no le quitarás a tu despacho dinero que no tiene. Una comisión permite que tu ingreso sea proporcional a los ingresos del despacho, de manera que nunca erogará más de lo que ingresa a causa del sueldo fijo que te tendría que pagar. Esto ayuda a alcanzar y mantener el punto de equilibrio (más adelante veremos en qué consiste).

2. **La segunda:** es un motivador. Una comisión te mantendrá alerta y con ganas de buscar más oportunidades de negocio y más posibles clientes, porque de ello dependerá que tu bolsillo esté más lleno. Eso te motivará a salir a vender tus servicios jurídicos.

Por eso te recomiendo un porcentaje de ventas, pero también puedes, si lo prefieres, fijarte un sueldo y, entonces, tendrás que comprometerte contigo y con tu despacho a vender tanto como sea necesario para cubrir ese y todos los demás gastos fijos. La decisión te toca a ti.

Ese sueldo mensual fijo o esas comisiones por ventas serán, ahora sí, *tu* dinero y puedes hacer con él lo que quieras[20]. Lo demás, seguirá siendo de «Tú & Asociados, Abogados».

¿Y qué va a hacer «Tú & Asociados, Abogados» con su dinero? Pues dos cosas, una muy obvia y otra que quizá no lo es tanto:

- La primera es pagar los gastos, tanto los fijos (renta de oficina, insumos, nómina) como los variables (comisiones, viáticos, honorarios de peritos, corresponsales, etcétera).

- La segunda es ¡crecer! Invertir en *marketing* y ventas para atraer más clientes, construir la marca, posicionarte en los medios, invertir en mejor equipo y mejores instalaciones, contratar más personal en quien delegar, etcétera.

Estados financieros

Debes conocer los estados financieros de tu despacho y tenerlos en tu escritorio al principio de cada mes, y

---

20 Hay montones de libros sobre la materia que te pueden orientar en todo lo relativo a qué hacer con *tu* dinero. Hacer *lo que tú quieras* con este recurso es un decir. En realidad, debes ser muy ordenado con tus finanzas personales si quieres alcanzar tus metas. De entre mis fuentes favoritas sobre este importantísimo tema están dos libros que podríamos calificar de «clásicos»: *La transformación total de su dinero* de Dave Ramsey (México, Grupo Nelson, 2003) y *El millonario de al lado*, de Thomas Stanley (México, Obelisco, 2015). Otro libro un poco menos conocido pero que me parece extraordinario es *Educación financiera avanzada partiendo de cero*, de Gregorio Hernández Jiménez (autopublicación de 2013).

debes asegurarte de que la información que contienen sea confiable y real. Debes revisar todos los días cuánto dinero entra y cuánto sale y por qué razones. Conocer estos datos te permitirá tener el control de la situación financiera de «Tú & Asociados, Abogados», saber si vendes tus servicios en forma rentable, si el despacho opera eficiente y productivamente y si las decisiones que has tomado como líder y como directiva han sino las correctas. También te permitirá tomar mejores decisiones y proyectar el futuro del negocio.

Los estados financieros juegan un papel fundamental en la vida de «Tú & Asociados, Abogados» y no exagero con ese calificativo. Son fundamentales porque arrojan datos de vital importancia para el desarrollo del negocio.

Tú, en tu rol directivo —e incluso en el rol de liderazgo—, necesitas información financiera actualizada y confiable para tomar decisiones sobre futuros movimientos y para comprender la situación de la empresa. Solo así puedes apreciar la salud del negocio y establecer un panorama a futuro.

Una idea común es que los estados financieros son un lujo que solo las grandes empresas se pueden dar, sin embargo, la realidad es exactamente al revés: la ausencia de estados financieros es un lujo que ninguna empresa se puede dar, y menos las que van iniciando.

Es posible que estés pensando que lo mejor será dejar esto en manos de un contador. Si piensas eso, ¡estás en lo correcto! Esta es una de las primeras actividades en las que requieres apoyo profesional, porque se trata del dinero de tu despacho, del que saldrá *tu* dinero. No me digas que no vale la pena contar con asesoría calificada de primer nivel para cuidar ese recurso tan preciado.

Así pues, esta es la primera área de administración en la que debes apalancarte del conocimiento, el tiempo y la experiencia de alguien más, de un experto. Y cuando digo «experto» no me refiero a tu prima que está estudiando contabilidad y que te echa la mano con tus declaraciones porque es superbuena onda. Me refiero a un contador profesional al que contrates formalmente y le pagues por sus servicios y que no tenga remordimiento alguno en decirte lo que estás haciendo bien y lo que no. Insisto: estamos hablando de tu plan de vida, de la fuente de tu dinero, algo que merece una persona experta y profesional, capaz de exigirte disciplina y a la que tú le puedas demandar resultados. Di *NO* a los contadores familiares improvisados.

Ahora bien, como vas a contratar a un experto y no a tu tío que tomó un curso de contabilidad por correspondencia en 1989, es necesario que sepas qué pedirle y que tengas idea de qué es lo que te va a entregar. Por eso debes tener una noción mínima de contabilidad. Pero no te preocupes, no vas a tener que hacer ningún curso por correspondencia, solo vamos a refrescar lo que seguramente viste en tu materia introductoria al inicio de la carrera[21]. Los principales estados financieros son cuatro:

1. **Balance general.** Muestra la situación de la empresa en un momento específico. Permite comprender con exactitud cómo se encuentran las cuentas de la empresa: tanto activos, como pasivos y capital.

2. **Estado de resultados.** Se le llama también «de pérdidas y ganancias». Se muestran los ingresos y gastos de un período establecido y ayuda a conocer la liquidez con la que se dispone.

   Analiza los ingresos (lo que entra al negocio por las ventas de servicios jurídicos) y el dinero utilizado para que el negocio opere (que son la suma de gastos variables más gastos fijos).

   Es muy parecido al balance general, pero su principal diferencia radica en que, mientras el balance general se refiere a un punto concreto en el tiempo, el de resultados abarca todo un período. A los contadores les encanta decir que el balance general es como una fotografía de las finanzas del despacho y el estado de resultados es como una película.

---

21 Si deseas una aproximación adicional a la materia, el libro *Contabilidad para numerofóbicos* de Dawn Fotopoulos (México: Harper Collins, 2018) es sensacional.

Una vez que tengas tus utilidades, estarán reflejadas en el balance general, en la sección de capital.

3. **Estado de cambios en el patrimonio o de variaciones al capital.** Muestra los aportes de los socios y la distribución de las utilidades, así como también la diferencia del capital contable y el capital social.

4. **Estado de flujos de efectivo.** Muestra la solvencia financiera del despacho y la capacidad de pago con la que cuenta.

Refleja el origen y la utilización de los recursos y te permite saber la cantidad de efectivo que requiere el despacho para operar por un período determinado (día, semana, mes, trimestre, año). Es como si tomaras el balance general, miraras la cuenta de «caja» y le dieras *zoom*.

Lo que te aparecería al acercarte sería el flujo de efectivo, un tema que merece una reflexión adicional.

Flujo de efectivo

Cuando estaba por fundar mi propio despacho de abogados, un buen amigo mío y compañero de generación me dio sin proponérselo una de las más importantes lecciones que he recibido como emprendedor.

En una comida casual y con uno que otro *whisky* corriéndonos por las venas, me dijo (palabras más, palabras menos): *esto de tener tu propio despacho de abogados es un juego, y el juego se llama flujo… ¡flujo de efectivo!* ¡Cuánta razón tenía!

Para decirlo en términos llanos, el flujo de efectivo es la cantidad de dinero que recibe tu despacho y que tiene disponible para operar y hacer frente a sus obligaciones.

Si tienes que mandar a un pasante a hacer un trámite, por ejemplo, tienes que darle una cantidad de dinero para que pague su traslado. Si necesitas una copia certificada de algún documento, deberás pagar al notario o al juzgado el importe de esa copia. Al final del mes deberás tener aprovisionadas tus cuentas bancarias para pagar a tus proveedores, etcétera.

Eso es, precisamente, el flujo de efectivo. Como te dije hace unos párrafos, se trata de la solvencia financiera de «Tú & Asociados, Abogados».

Debes tener mucho cuidado al determinar el esquema de honorarios que le propones a cada cliente. Un error muy común que cometen muchos abogados cuando inician su práctica (yo incluido) consiste en querer cobrar todo o la mayor parte de los honorarios al final del asunto. Esto es peligroso, porque pone en riesgo la capacidad de pago de tu despacho.

Cuando propongas honorarios, cuida siempre que el dinero no deje de entrar o, mejor dicho, que no deje de fluir, para que siempre haya algo de efectivo.

Punto de equilibrio

También se le conoce como umbral de rentabilidad. Se trata de un momento en la vida de «Tú & Asociados, Abogados» en el que sus ingresos igualan a sus gastos. Dicho en otras palabras, consiste en el nivel de ventas que es necesario alcanzar para cubrir los gastos totales del despacho.

Cuando tu despacho alcanza el punto de equilibrio, su beneficio es igual a cero, lo que significa que no hay ganancias, pero tampoco pérdidas. Por eso, al punto de equilibrio se le conoce también como «punto muerto».

Se determina conforme al siguiente procedimiento:

1. Suma el total de tus gastos fijos (Gf) dentro de un período determinado. Son los gastos que debes pagar sí o sí, independientemente de si hay venta o no: la renta de oficina; los salarios (incluyendo el tuyo, si así lo decidiste); servicios como internet, luz, agua…; comisiones bancarias, etcétera.

2. Suma el total de tus gastos variables (Gv) dentro del mismo período. Son todos aquellos gastos que se encuentran ligados directamente a la venta de tus servicios jurídicos. Es decir, aquellos gastos en los que incurres precisamente por vender: comisiones a tus vendedores (tú, si así lo decidiste), la comida que le invitaste a tu nuevo cliente para cerrar el trato, los servicios de mensajería,

gastos de representación, viáticos, los gastos que surgen de la atención de un asunto que te acaba de caer, etcétera.

3. Suma el total de ventas (V) en el mismo período.

Ya tienes las tres variables básicas para calcular tu punto de equilibrio: gastos fijos (Gf), gastos variables (Gv) y ventas (V). Ahora vamos a hacer algunas operaciones con ellas.

4. Al total de ventas (V), réstale los gastos variables (Gv). Esa es tu utilidad bruta (Ub).

$$Ub = V - Gv$$

5. Divide tu utilidad bruta (Ub) entre las ventas (V). Ese número es tu porcentaje de margen bruto (Mb).

$$Mb = \frac{Ub}{V}$$

6. Divide tus gastos fijos (Gf) entre el porcentaje de margen bruto (Mb). El resultado es tu punto de equilibrio: la cantidad de dinero que debe ingresar en el período para que tu negocio no gane ni pierda, pero pueda operar.

$$PE = \frac{Gf}{Mb}$$

O, lo que es lo mismo:

$$PE = \frac{Gf}{\left[\frac{V-Gv}{V}\right]}$$

Si ingresas menos dinero que tu punto de equilibrio, estás operando en pérdida. No lo permitas nunca.

KPI

«KPI» son las siglas en inglés de *Key Performance Indicator* o «Indicador Clave de Desempeño». Se trata de todas aquellas métricas que se utilizan en las empresas para sintetizar la información sobre la eficacia y productividad de cada una de las tareas que se llevan a cabo, con miras a tomar decisiones y a definir una línea de acción futura.

Imagina que tu despacho de abogados fuese un automóvil. Los KPI serían todos los *leds*, agujas y números que parpadean en el tablero midiendo la velocidad, las revoluciones, la temperatura del motor o la cantidad de gasolina en el tanque... Y así como se usa toda esa información para conocer el estado general del automóvil y qué tan bien o qué tan mal lo estás cuidando y conduciendo, así debes usar los KPI para saber cómo está funcionando tu despacho y cuándo llegará a las metas que le fueron fijadas.

Cómo definir los KPI

Los KPI los defines tú a partir de lo que consideras relevante para alcanzar las metas de tu despacho. Recuerda, estos indicadores sirven para medir qué tanto se acerca el despacho a la meta que tú le fijaste desde tu rol de liderazgo, así que de las metas dependerá qué KPI decides utilizar.

Pero hazlo con consciencia, porque los KPI miden el rendimiento de cada uno de los objetivos, por lo que indicadores equivocados muestran rendimientos equivocados.

KPI SMART+

Los KPI que definas y decidas utilizar deben cumplir ciertas características. Esto va a ser fácil, porque ya tienes pleno conocimiento de ellas; se trata de la misma metodología *SMART+* de la que ya hablamos antes. Obvio, como los KPI son los indicadores de tus metas, comparten sus mismas características y son igualmente *inteligentes*, o sea, son *SMART+*:

1. *Specific.* Cada KPI es un dato muy concreto, un número fácil de representar y de comprender y, sobre todo, fácil de seguir en el tiempo.

2. *Measurable.* La métrica que utilices necesita estar disponible para ser medida y analizada correctamente.

3. *Relevant.* Cada KPI debe medir tareas que estén orientadas directamente a la consecución de las metas del despacho.

4. *Time-based.* Tus KPI deben ser periódicos, para que eso te permita revisarlos constantemente. Pueden ser diarios, semanales, mensuales, trimestrales o anuales.

5. *Independientes.* Tus KPI deben referirse a acciones que están bajo tu control, completamente ajenas a factores externos.

Quizá con algún indicador te puedas dar permiso de formularlo en negativo y no únicamente en positivo, como lo exige el modelo *SMART+*. Por ejemplo, algunos juzgados y tribunales tienen un indicador negativo que conocen como «tasa de reducción de rezago» y mide qué tantos expedientes atrasados tienen para medir qué tan bien están reduciendo su número.

Los KPI básicos del despacho

Aquí tienes una lista breve de los KPI que puedes utilizar para tu despacho. Como siempre, estas son solo algunas ideas que te pueden orientar. Lo ideal es que, a partir de las particularidades de tu despacho, seas tú quien confeccione los KPI:

1. **Bancos.** Cuánto dinero tienes en las cuentas bancarias de «Tú & Asociados, Abogados». Esto va

de la mano del estado de movimientos de flujo de efectivo que tu contador debe preparar y presentarte mes con mes.

2. **Cuentas por pagar.** Cuánto dinero debe el despacho a sus proveedores de bienes y servicios, desde cuándo existe esa deuda, en qué documento está sustentada y cuándo se saldará.

3. **Cuentas por cobrar.** Lo contrario: cuánto dinero debe cada cliente al despacho, desde cuándo, en qué documento está sustentada y cuándo se estima que será pagada.

4. **KPI propios de tu proceso de ventas.** Por ejemplo:

   a. Número de prospectos (posibles clientes) contactados cada mes.

   b. Número de cotizaciones formuladas cada mes.

   c. Importe promedio de honorarios cotizados al mes o al trimestre.

   d. Número de contratos de prestación de servicios celebrados cada mes.

   e. Importe promedio de honorarios pactados (porque no siempre coincide con lo originalmente cotizado).

Cuando mi despacho inició operaciones llevaba un control de mis KPI en una hoja de Excel, de manera que podía transformar rápidamente una tabla en gráficas.

Eso me permitía llevar un control muy visual de cómo iba mi negocio.

Si haces lo mismo, podría quedar más o menos así:

Año:	2021
Área	Comercial
Categoría:	Prospección

| KPI: | No. de cotizaciones entregadas a prospectos contra cotizaciones aprobadas y modificadas | Periodo: | Trimestral |

Trimestre	Estado		
	Entregadas	Aprobadas	Modificadas
Primero	10	2	2
Segundo	15	6	2
Tercero	15	8	3
Cuarto	18	9	5

Imagen 11. Ejemplo de tabla gráfica para llevar un control visual de tu negocio.

Los KPI son para todo

Los KPI son muy versátiles. Sirven para todo y cada una de las funciones de tu despacho puede y debe tener los suyos propios. El área operativa de «Tú & Asociados, Abogados» debe guiarse también por KPI, igual que su área administrativa, y lo mismo ocurre con las demás áreas.

Imaginemos, por ejemplo, que «Tú & Asociados, Abogados» se dedica a litigio mercantil. Algunos indicadores interesantes para su área operativa serían:

- Cuántos asuntos gana.
- Cuántos asuntos pierde.

- Cuántas demandas son desechadas, cuántas son objeto de prevención y cuántas son admitidas al primer intento.

- Cuántos asuntos terminan en negociación y no llegan a sentencia.

¿Te acuerdas de que hablamos de las particularidades que te hacían especial frente a la competencia (tu Propuesta Única de Valor)? Pues con los KPI podrás identificar varios de manera clara. Por ejemplo: *Como abogado litigante, ¿cuál es tu «porcentaje de bateo»?*

Las áreas de *marketing* también tienen sus propios KPI, como número de seguidores en redes sociales, número de visitas al sitio *web*, número de *likes* por cada *post* publicado, etcétera.

En cuanto a recursos humanos, uno de los más utilizados es el índice de rotación del personal (el porcentaje de empleados que abandonan una organización dentro de un tiempo específico).

Ya lo sabes, ¡toda tu empresa debe estar controlada y medida por los KPI! Solo así puedes hacer crecer tu despacho de abogados, porque recuerda la máxima que dice: *Lo que no se mide no se puede mejorar.* Teniendo buena información, proporcionada por buenos indicadores, podrás tomar buenas decisiones. Así que mide todo lo que se pueda medir.

III. Recursos humanos

Esta es el área de tu despacho encargada de las personas que conforman a tu equipo, es decir, tu capital humano. Su finalidad primordial es organizar y maximizar el desempeño de todos tus colaboradores y de su interacción entre ellos y de ellos contigo, a través de actividades como la selección, contratación, capacitación y la gestión de nómina.

Por qué es importante trabajar en equipo

En tu despacho, como en cualquier negocio, el todo es más que la suma de las partes. Anteriormente hablamos de la «ventaja comparativa», aplicada a los negocios y de por qué es recomendable que tu despacho se especialice en un área jurídica, en una industria o en un tipo de cliente en concreto. Pues bien, la ventaja comparativa aplica también al interior de «Tú & Asociados, Abogados» respecto a las personas que lo integran, porque, quizá, al principio tengas que encargarte tú de todo, pero eso no es sostenible a largo plazo.

Tu despacho funcionará mejor en la medida en que sus líderes y sus directivos —o sea, tú— se centren en producir aquello en lo que destacan y aprovechen el conocimiento de otros especialistas para alcanzar los objetivos del negocio. Esto te va a permitir que tu *enfoque* se mantenga en lo importante. Así tendrás más y mejores resultados en menos tiempo.

En pocas palabras, tener un equipo de personas que te apoyen te permitirá poner todo tu tiempo y energía en lo que te toca hacer, que es dirigir y liderar, mientras que los demás se encargan de la operación.

Cómo construir tu equipo de trabajo

Armar un equipo de trabajo no es cualquier cosa. No se trata de postear en Facebook que estás buscando gente para tu equipo y contratar a tu amiguito de la primaria que está interesado. Es indispensable que tu equipo se adecue a tus expectativas, que esté alineado con los objetivos de tu despacho y con tus propias metas personales, y que se guíe por valores idénticos o similares. Además, es indispensable que tengas a la gente adecuada en el puesto adecuado. Para ello, más que correr a publicar la vacante en Facebook, es necesario que trabajes siguiendo los siguientes pasos:

1. **Perfil de puesto.** No importa que, al principio, «Tú & Asociados, Abogados» no tenga más que una persona laborando (tú); es indispensable que vayas definiendo qué tipo de gente deseas que forme parte de tu equipo incluso desde antes de que tengas la necesidad o la posibilidad de contratar a alguien.

   Cuando diseñes este perfil toma en cuenta esto:

a. Aspectos académicos: nivel de estudios, grado de especialización, etcétera.

b. Objetivos del puesto: por qué y para qué contratarlo, qué resultados debe alcanzar y qué diferencia generará su presencia en el equipo.

c. Funciones que va a realizar: qué tareas va a realizar para alcanzar los resultados que se le han fijado.

d. Remuneración que recibirá: no hay mucho que explicar al respecto, ¿o sí?

e. KPI: cómo se medirá, con datos objetivos y cuantificables, que esa persona se está desempeñando conforme a lo esperado o no.

f. Habilidades requeridas: qué preparación y aptitudes necesita para realizar las funciones encomendadas y alcanzar los resultados que se le han fijado.

Hay dos tipos de habilidades en general que debes de tomar en cuenta siempre, pues son igualmente importantes:

i. *Hard skills.* Capacidades propiamente técnicas y necesarias para realizar un trabajo: conocimiento de la legislación civil del país, empleo de programas de cómputo, capacidad de análisis y síntesis, además de una buena redacción.

ii. Soft skills. Atributos personales y profesionales que facultan a las personas para moverse en su entorno y desempeñar su profesión de mejor manera: habilidades de comunicación, empatía, proactividad, liderazgo, gestión del estrés, tolerancia a la frustración, seguridad y confianza en sí mismo.

g. Los criterios para su ascenso y/o aumentos en sus remuneraciones. ¿Por qué razones un pasante (por ejemplo) dejará de serlo para convertirse en asociado *junior*?

2. **Búsqueda.** Una vez que tienes claro el tipo de persona que requieres, ya puedes salir a buscarla. A veces la premura te puede hacer decidirte con el primer candidato que medio cumple con tus expectativas, pero en esto, como en casi todo en la vida, la paciencia es clave. No te conformes con uno o dos candidatos, mientras más, mejor. Incluso, puedes apalancarte de *head-hunters* o en empresas dedicadas a la selección y reclutamiento de personal.

Como sugerencia personal: nunca contrates amigos o familiares. Tú necesitas construir un despacho que funcione como una máquina bien engrasada y para ello necesitas personas profesionales, que estén dispuestas a trabajar igual de duro que tú. No estoy diciendo que tu amiga del alma que tomó Mercantil contigo en la carrera no sea profesional. Pero, no nos hagamos, es muy difícil exigirle resultados y aplicar correctivos a las personas con las que tenemos una relación afectiva. Ya llegará el momento en que crezcas lo suficiente y puedas ayudar a tu sobrinito o a tu tía «que necesita la chamba», pero, por el momento, mezclar negocios con familia o amigos es un lujo que no te puedes dar.

3. **Recepción y descarte de *currículo*.** Aquí comenzarás a ver por qué, mientras más aspirantes al puesto tengas, es mejor.

El currículum te permitirá valorar qué candidatos reúnen las características que exige el perfil del puesto. Quédate solo con aquellos que en su currículum afirmen tener las habilidades que el perfil de puesto exige.

Y olvídate de la vieja discusión estéril de si el currículum debe llevar o no fotografía. Si el candidato o la candidata diseñó una hoja de vida con su imagen personal o no es algo completamente irrelevante para ti. Casi te podría decir que poner foto en el currículum es una decisión personal respecto de algo en lo que a ti no te interesa entrometerte.

En cambio, enfócate en la información que ese documento te puede dar y que sí es relevante para tu despacho: las *hard skills*.

4. **Resolución de un cuestionario sobre valores.** Elabora un cuestionario, sencillo pero que permita profundidad, que te ayude a saber si los valores del candidato están alineados con los tuyos y con los del despacho. Por ejemplo, una pregunta que me gusta hacer es: *¿Por qué consideras que eres la persona indicada para este puesto?*

Envíalo por correo electrónico o Whatsapp a los candidatos o candidatas que hayas elegido luego de revisar sus hojas de vida y fíjales un plazo breve para contestar.

Notarás que varios candidatos desisten, no contestan, contestan mal, a destiempo o no siguieron correctamente las instrucciones que les diste. Así irás descartando prospectos o, mejor dicho, ellos se irán descartando solos.

5. **Referencias.** La información proveniente de los jefes anteriores del candidato es muy valiosa. Incluso si esa información es subjetiva o está sesgada por la relación entre el candidato y su jefe anterior, porque, aunque quizá no te dé una visión muy objetiva de qué tan hábil es para redactar un oficio, sí podrás deducir cómo anda tu candidato en sus *soft skills*.

6. **Entrevista.** Es el paso final y uno de los más importantes, porque te permitirá corroborar si la información que obtuviste del currículum, las referencias y los cuestionarios es cierta.

También te permitirá valorar qué tanta confianza y cercanía se puede generar con esa persona y qué tan bien encajará en el equipo de trabajo.

Y lo más importante: aquí es donde el futuro miembro de tu equipo y tú «hacen clic». En la entrevista entran las emociones, las intuiciones y todo el aspecto subjetivo de la contratación.

En lo personal, no puedo dejar quieto al maestro que hay en mí y me gusta aprovechar la entrevista para hacer un examen oral sobre conocimientos jurídicos. No lo hago para atormentarlos con *flashbacks* de la carrera, sino para corroborar que la información contenida en el currículum sea cierta (no es lo mismo decir que estudiaste en la mejor universidad y que te graduaste con honores, que saber explicar, a bocajarro y frente a una figura de autoridad, cuál es la diferencia entre prescripción y caducidad). Algunos colegas abogados que conozco incluso preparan exámenes de conocimiento por escrito y los aplican, sin previo aviso, en el momento de la entrevista o algunos minutos antes.

Y aquí te va otro *tip*: a veces suelo pedirles a mis futuros colaboradores que hagan una hoja de cálculo de Excel con algunas fórmulas más o menos complejas, o una presentación animada y visualmente llamativa de PowerPoint o que me expliquen para qué sirve y cómo se usa la función de «combinar correspondencia» de Word. Lo hago porque todo el mundo afirma en su currículum que *domina* la paquetería Microsoft Office, pero, en mi experiencia, esa afirmación es falsa en el 99% de los casos.

IV. Marketing

Alguien que esté poco familiarizado con esto de la administración suele confundir al *marketing* con las ventas y viceversa. Los abogados cometemos este error todo el tiempo y eso nos aleja de los buenos resultados. Lo cierto es que, aunque están muy relacionadas, *marketing* y ventas son dos cosas distintas. Digamos que son dos etapas diferentes de un mismo proceso.

Lo que hace el *marketing* es investigar cómo se comporta tu mercado para identificar las necesidades, demandas y deseos de tus posibles clientes. También determina cuáles son las mejores formas de ofrecer tu servicio a esos posibles clientes.

En pocas palabras, el objetivo del *marketing* es presentar a «Tú & Asociados, Abogados» a sus posibles clientes y viceversa.

¿Los abogados necesitamos *marketing*?

Si te hago esta pregunta no es porque considere que su respuesta es dudosa o discutible, sino porque, por increíble que parezca, ¡muchos abogados se la siguen haciendo hoy en día!

Hace algunas décadas, un despacho de abogados podía resumir su estrategia publicitaria con el refrán *crea fama y échate a dormir*. Es decir, si era suficientemente bueno, la publicidad boca a boca era más que suficiente. En un mundo con muy poca competencia bastaba que uno abriera sus puertas para que los clientes llegaran solos a pedir asesoría. Esto ya no es así y nunca lo volverá a ser.

Ese concepto de despacho tradicional que has visto como modelo en tus profesores y en los abogados de las grandes firmas se agotó. Ha sido sustituido por el de *empresa de servicios jurídicos* y esto te obliga a incorporar los principios y técnicas de gestión empresarial que estás aprendiendo en este libro y que hasta hace algunos años eran cosa de otro planeta para los abogados.

Hoy, el mundo de la abogacía es tan encarnizadamente competido como el de muchas otras profesiones, así que es indispensable contar con una buena estrategia de *marketing* que logre atravesar todo ese mar de ruido en el que las redes sociales se han convertido y en el que estamos inmersos absolutamente todos. Tienes que darte a conocer.

Orientación al cliente

En la definición de *marketing* hicimos referencia a las necesidades, demandas y deseos de los posibles clientes.

Allí radica el éxito de tu estrategia de *marketing*: centrarte en el cliente y no en ti ni en tu organización.

Lo más importante al dar a conocer tus servicios es dejar muy claro cómo puedes ayudar a tu cliente ideal, porque lo único que cualquier persona que visite tu página de internet, que lea tu currículum o que reciba tu tarjeta de presentación se estará preguntando es: *¿cómo puede este abogado ayudarme a resolver mis problemas?*

No te centres en ti, ni en tus títulos, ni en cuántos libros de Derecho hay en tu librero ni si están finamente empastados en piel con letras de oro; olvídate de las balanzas y las estatuas de la Justicia y tu colección de búhos. Todos esos lugares comunes no le importan al cliente. Cuando promociones tus servicios asegúrate de dejar en claro cuál es el valor que aportas a la vida de los demás.

Siempre me ha resultado muy curioso cómo a los abogados nos encanta presumir dónde estudiamos: andamos cantando todo el tiempo cuál fue nuestra universidad. La verdad es que a los únicos que les importa saber eso, si acaso, es a otros abogados. Créeme, al cliente le resulta completamente irrelevante. ¿Por qué mi despacho de abogados hace que el mundo sea mejor? Responde esa pregunta antes de anunciar tus grados o posgrados y las escuelas de donde los obtuviste.

Haciendo tangible lo intangible

En el mundo jurídico, salvo muy raras excepciones, vendemos servicios; es decir, bienes *intangibles*. Esto supone un esfuerzo de promoción y venta mayor porque hace que para el cliente sea complicado comprobar la calidad de lo que está adquiriendo de manera objetiva (como sí podría hacerlo, por ejemplo, con un teléfono o una obra de arte).

Por eso, lo primordial es encontrar tu PUV, lo que hace que «Tú & Asociados, Abogados» sea diferente y único, y anunciar esa propuesta a los cuatro vientos.

Además de poner énfasis en lo que te vuelve único, te recomiendo que ayudes a los clientes a ponderar tu servicio volviendo tangible lo intangible. Sí, suena a un acto de magia complejísimo, pero puedes encontrar cómo hacerlo: preocúpate porque tus servicios sean apreciables a través de los sentidos; algo que se pueda ver, escuchar o tocar.

Personas

Hay muchas formas de volver tangible lo intangible, pero la principal radica en las personas que prestan ese servicio: tú, tus socios y los miembros de tu equipo.

Esa es la evidencia más tangible. ¿Qué impresión quieres que tenga el cliente cuando te ve o cuando se entrevista contigo? ¿Qué sensaciones quieres producir con tu presencia? ¿Cuál va a ser tu grado de disponibilidad? ¿Cómo va a ser la atención de tu recepcionista en la oficina (si es que la tendrás)?

Otras formas de materializar el servicio

La calidad de los materiales que utilizas en tu operación puede ser otra buena opción para materializar tu servicio: procura poner atención a detalles como tu papelería, tu *brochure* (aunque cada vez se usa menos, francamente), la imagen institucional, etcétera.

Los notarios tienen esto último superdominado. Ellos suelen poner mucha atención en la calidad del papel en el que imprimen sus copias certificadas y en la manera en que encuadernan sus testimonios. Así, lo que entregan, tiene un valor intangible, pero está representado en un material tangible que resulta agradable a la vista y al tacto y que hace que los clientes sientan que están recibiendo un servicio exclusivo.

La calidad de tus instalaciones también es una forma de materializar tu servicio. Incluso si no pretendes tener una oficina destinada a la atención de clientes y tu intención es atenderlos a través de plataformas como Zoom o Google Meet, la imagen que aparece en tu perfil de usuario y el entorno que capta tu cámara, durante la conferencia, le están dando una idea del valor de tu servicio.

En este rubro merece una mención especial el correo electrónico. Sé que no necesito decirlo, pero más vale: no uses tu viejo correo de Hotmail que abriste en la prepa con el nombre de tu caricatura favorita. Tampoco abras un correo de Gmail con los típicos nombres de usuarios con palabras alusivas a tu profesión (del tipo «experto-senderechoagrario@gmail...» o «abogadosbaratos@ yahoo...») porque se ve muy poco profesional y solo te va a restar seriedad[22].

V. Ventas

Gracias al *marketing* ya entraste en contacto con tu cliente ideal y sabe qué es lo que puedes ofrecer. Ahora que tus posibles clientes saben de la existencia de «Tú & Asociados, Abogados», del servicio que presta y del valor que aporta a la sociedad, es momento de que el área de ventas entre en acción.

Su función principal consiste en transformar a todos esos clientes probables o potenciales en clientes verdaderos, dispuestos a pagar por el servicio que tú les estás ofreciendo. Creo que sobra decir que esta es una actividad sumamente importante.

Es curioso, a veces los abogados nos andamos en las nubes y se nos pasa de largo algo tan obvio e importante

---

22 Mis correos electrónicos, por si algún día quieres escribirme, incluyen mi nombre y el dominio de cada una de mis empresas: gibranmiguel@ancod.mx, gibranmiguel@negocialaw.com y contacto@gibranmiguel.com Date una vuelta por las páginas de venta de dominios en internet. Te sorprenderá lo barato y sencillo que resulta tener un correo institucional serio y profesional.

como que el negocio de un despacho jurídico no está en redactar meticulosos contratos, demandas contundentes o puntuales actas de asamblea, sino en ¡vender! Vender la seguridad, la protección, la trascendencia o el control que nuestro conocimiento jurídico puede generar.

¡Ah, pero eso sí! Los pormenores del contrato de compraventa nos los conocemos al dedillo, ¿a poco no? Sí, eso está muy bien, pero si queremos ejercer con éxito nuestra profesión no basta con saber lo que dice el Código Civil, sino… ¡ponerlo en práctica en nuestro propio beneficio!

Además de ello, los abogados solemos confundir la «dignidad de la profesión» (sea lo que sea que eso signifique) con la idea de que los abogados no debemos salir al mercado a promocionarnos y a vender nuestros servicios. Esta idea no es más que un limitante para todos los abogados que, como tú, quieren vivir de su profesión. No hay nada de indigno en trabajar por hacer crecer tu negocio y en pedir una remuneración por nuestro trabajo.

Hasta cierto punto es comprensible que muchos abogados piensen de esa manera. Aunque «comprensible» no es sinónimo de «justificable»; una cosa es conocer y entender las causas que dan origen a una forma de pensar, y otra, muy distinta, estar de acuerdo con ella.

Voy a jugarle un poquito al antropólogo y al historiador y te voy a contar de dónde creo que viene esta creencia de que la venta es indigna para la abogacía. Como te decía hace un momento, en el pasado, el mundo de la abogacía no estaba tan saturado como hoy. En ese mundo con menos abogados, no era necesario vender nuestros servicios: se vendían solos. Si tenías a tus clientes satisfechos, la gente te recomendaba y eso era más que suficiente; tu reputación y el boca a boca hacían el trabajo por ti. ¿Quiénes eran los que tenían que salir a promocionarse y a vender sus servicios? Pues los malos abogados, esos que no tenían quiénes los recomendaran ni una reputación que atrajera a los clientes. Así pues, intuyo, vender se convirtió en un sinónimo de ser un mal abogado. Y es por eso que, en pleno siglo XXI, hay muchos juristas que siguen creyendo que vender y promocionar los servicios jurídicos es «indigno» o contrario a la dignidad de la profesión.

Pero la realidad es que este modo de ver las ventas se acabó. Murió junto con el boca a boca. Hoy, si te sientas a esperar a que te lleguen los clientes nada más porque eres el más listo, el más sagaz, el mejor abogado, te vas a quedar sentado esperando. El mundo está repleto de abogados listos y sagaces como los mejores, así que tienes que salir a vender y eso no tiene nada de malo o deshonroso; al contrario. Tú tienes un propósito, que es ayudar a tus clientes, y para cumplirlo tienes que salir a vender. Ese es el primer paso para hacer de tu propósito una realidad.

Y a todo esto, ¿qué es la venta, además de un contrato regulado por la ley civil? Desde mi punto de vista, alejado de toda definición jurídica, la venta es sencillamente, un intercambio de dos cosas necesarias y de valor: tu servicio a cambio de dinero.

Dicho de otra manera, la venta de servicios jurídicos consiste en transformar tu conocimiento universitario del Derecho en algo que beneficie a tu cliente a cambio de algo que te beneficie a ti.

Vender es un proceso

Pero vender en el terreno de los servicios jurídicos tiene su chiste. No es como empezar a vender tabletas electrónicas, abriendo tu tienda y esperando a que aparezca alguien por ahí para que, en menos de una hora, haya menos aparatos en inventario y más dinero en la caja registradora.

No. La venta de servicios jurídicos es más compleja y pausada.

Como ya habíamos comentado, nuestro negocio se mueve en el terreno de lo intangible y, a diferencia de una tableta que tiene ciertas características muy concretas, medibles y estandarizadas, nuestros servicios pueden ser difíciles de ponderar para los clientes. Es por eso que, en este negocio, el proceso de ventas comienza *después* de que existe cierto grado de confianza y hasta algún tipo de relación entre el posible cliente y tú.

Generar confianza es lo primero

Sí, el principal factor para que tú puedas vender tus servicios es la confianza: mientras no le agrades al posible cliente y este no tenga un mínimo de confianza en ti, en tu despacho y en la solución que le propones, no estará dispuesto a considerar siquiera el reunirse contigo. Además, mientras más complejo y caro es el servicio que ofreces, más tiempo necesitarás para construir ese sentimiento de confianza y cercanía.

Nuestro trabajo, seguro lo sabes, es profundamente social, por eso es tan importante crear una relación de confianza con un cliente, cosa que nuestro hipotético vendedor de tabletas jamás tendría que hacer. Y la mejor manera de sembrar esa semilla de confianza y cercanía es hacer preguntas a tu posible cliente y escuchar las respuestas con atención.

> *Cuanto más interés genuino demuestres, más abierto estará el cliente a darte información y aceptar tus recomendaciones.*

Sobre tus servicios no vas a decir ni «pío» hasta que no hayas despertado un poco de confianza y cercanía. Mucho menos hables de ti o de lo que te interesa, porque tu posible cliente no está frente a ti para escuchar, sino para ser escuchado. Una vez más: yo sé que da mucho orgullo tu *alma máter* y tus diplomas, pero guarda en un cajón los títulos y los retratos estilo *El abogado del diablo* y mejor ten a la mano las soluciones que el cliente necesita y espera.

La venta en dos pasos

La «Venta en dos pasos» es una técnica de ventas ideal para productos intangibles y cualquier tipo de servicio que deba adaptarse a las necesidades específicas del cliente. Es decir, es una técnica de ventas ideal para los servicios jurídicos.

Consiste en dividir la venta en dos etapas:

- La primera gira en torno a provocar este sentimiento de confianza y a tratar de evaluar si existe o puede llegar a existir una buena relación entre cliente y abogado. Para llegar a ella, necesitas previamente haberte dado a conocer en tu entorno, en redes sociales, a través de tu comunidad, etcétera. Una vez que te has dado a conocer y que sabes que alguien en particular puede requerir tus servicios, podrás acercarte para generar una relación más personal.

  Es importante que en esta primera etapa generes empatía con el posible cliente o —como se le ha llamado recientemente— *rapport*. Debes generarle la sensación de que está en «sintonía» contigo, que sienta que son afines, que existen similitudes o puntos de conexión entre ustedes.

Hay una herramienta muy útil para generar este *rapport*. Escuchar. Sí, escuchar. Pero hacerlo de verdad. Activamente, con atención, intención y conciencia. No fingiendo que estás escuchando mientras estás pensando qué vas a comer o estás recordando quién fue campeón en el mundial de Alemania. Tampoco se trata de escuchar con la cabeza puesta en qué vas a responder, sino concentrándote en lo que la otra persona te está diciendo para comprenderla, antes de estar pensando en qué le vas a contestar.

Otra forma de generar *rapport* es preguntando. Formula todas las preguntas que puedas, porque eso te ayudará de tres maneras:

1. Podrás hacer que tu posible cliente se sienta escuchado y atendido. Recuerda, ese posible cliente quiere hablar de sí, no de ti ni de tus logros.

2. Tendrás oportunidad de convertirte en un gran conversador. Paradójicamente, los grandes conversadores no son los que hablan mucho, sino los que preguntan mucho y escuchan más.

3. Te proveerás de datos de primera mano para determinar si el posible cliente sí puede beneficiarse de tus servicios.

Pero recuerda: como los servicios jurídicos son complicados de apreciar y de entender, no es raro que necesites varias reuniones con el posible cliente tan solo para llegar a un punto en donde la relación sea lo suficientemente fuerte como para comenzar a hablar en serio de negocios. Esto se trata de tener paciencia.

- En la segunda etapa ya puedes comenzar a hablar de negocios. Aquí ya puedes formular una propuesta o recomendación concreta y, si el posible cliente te lo pide, podrías incluso presentársela por escrito incluyendo los precios y condiciones. Para cuando llegues a esta etapa, el prospecto ya va a conocerte lo suficiente como para confiarte sus problemas, por lo que el camino para hablar de los honorarios estará bien pavimentado.

Esta técnica de venta en dos pasos es adecuada para los abogados, además, desde el punto de vista de la ética profesional, porque, antes de lanzarte al ruedo, necesitas tener la suficiente información, cercanía y confianza para saber realmente qué estrategia debes implementar para proteger los intereses de tu cliente.

CAPÍTULO 6
LA SISTEMATIZACIÓN DE «TÚ & ASOCIADOS, ABOGADOS»

I. Una verdad incómoda

Bueno, no hay que postergarlo más. Es momento de hablar de una realidad muy dura, pero que es necesario que tengas bien presente, porque de ello depende que tu despacho de abogados viva, crezca y evolucione. Te recomiendo que antes de leerla te prepares, porque esto va a doler. Aquí va:

> *El mayor obstáculo para el crecimiento de «Tú & Asociados, Abogados» eres tú.*

Una verdad incómoda, ¿no es cierto? Seguro que leerla te sorprendió y, en una de esas, hasta te molestó, ¿o no? Pero es cierto. El mayor obstáculo para el crecimiento de tu despacho como negocio eres tú.

Pero no es tu culpa, al contrario. Se trata de un fenómeno al que se enfrenta toda persona que inicia un negocio. Es más, se trata de un problema que encaran muchos empresarios, por más experimentados que sean y por más tiempo que lleven desarrollando su actividad.

Así que no te sientas mal. Ser un obstáculo para el crecimiento de tu propio despacho es algo normal y te puedo decir con total certeza por qué es que esto ocurre, aunque posiblemente ya tienes una idea: tienes que actuar desde el rol de liderazgo, el rol directivo y el rol operativo a la vez.

Ya sabemos en qué consisten cada uno de estos roles y estamos conscientes de que no puedes dejar de asumirlos, porque los tres son igualmente importantes. El problema es que en el momento de que tú asumes esos tres roles, te conviertes en un embudo. O, mejor dicho, te conviertes en *el* embudo. Te vuelves el peor cuello de botella que puede tener tu despacho; esa persona cuyo escritorio está enterrado bajo montones de pendientes que quedan atorados por eternidades; ese miembro del equipo que todo lo retrasa y que hace que nada esté listo a tiempo.

Y cuando hay que redactar una demanda, presentar un escrito de término o cualquier documento que le urja al cliente, definitivamente una de las peores y más riesgosas cosas que puedes ser en un despacho es el embudo.

Para solucionar esto, tienes dos opciones: la primera ya la sabes, es delegar tareas a tu equipo. Pero al inicio esto puede ser complicado porque probablemente tendrás muy pocas personas trabajando para ti y eso si tienes a alguien. Y, por muy listo que sea tu pasante, me temo que redactar una demanda es una tarea que podría exceder las capacidades de alguien que aún no termina la carrera.

Así que, en este caso, deberás recurrir a la segunda solución. La segunda solución es sistematizar.

II. Sistematizar

¿Qué es un sistema?

Cuando pasamos por la facultad de Derecho nos ocurre una cosa curiosa con el lenguaje: es como si se nos empezaran a deformar los conceptos y solo pudiéramos pensar en términos jurídicos. Por ejemplo, cuando oímos la palabra «sistema», en lo primerito en lo que pensamos es en el «sistema jurídico» como conjunto de normas vigentes en un tiempo y lugar determinados. Si acaso, pudiera ser que también pensemos en programas informáticos, computadoras, aparatos con muchos cables y *leds* parpadeando todo el tiempo y que se descomponen con la misma frecuencia.

Claro, esas dos nociones de «sistema» son correctas. Pero también están incompletas. En realidad, un sistema es algo mucho más general y que comparten esas dos definiciones: es un conjunto de elementos organizados e interrelacionados en el que un componente interactúa con, por lo menos, otro componente para alcanzar un fin o realizar una tarea.

Comprenderás de esta definición que casi todo es un sistema: el cuerpo humano, tu computadora o tu teléfono, el Derecho... Y lo más importante: tu despacho.

Aquí es donde está la clave para evitar convertirte en el peor de los obstáculos para el crecimiento de tu despacho: tienes que concebirlo como un sistema. De lo contrario, crecer te resultará sumamente difícil, si no es que casi imposible.

Tu despacho es un sistema

Como he dicho, «Tú & Asociados, Abogados» es un conjunto de elementos (humanos, materiales, tecnológicos y de conocimientos) que se organizan e interactúan para alcanzar un fin concreto, el de proporcionar un servicio jurídico único y de valor que los demás necesitan y por el que están dispuestos a pagar un precio que a ti te permita alcanzar tus metas.

Tienes que centrar tu atención en cómo estos elementos se relacionan entre sí para alcanzar el fin que tú ya te has trazado. ¿Cómo tus socios, tus abogados y tu personal auxiliar van a trabajar en conjunto para alcanzar los objetivos de la firma? ¿Qué herramientas van a ocupar? ¿Cuándo van a realizar cada tarea? ¿Quién va a revisar que todos hayan cumplido con su parte?

En pocas palabras, ¿qué va a hacer cada quién, cuándo y con qué? Y todavía más concreto: ¿Qué procesos se deben seguir para alcanzar las metas del despacho?

III. Procesos

No, no estoy hablando de los procesos judiciales a los que se refieren las leyes adjetivas. Te digo que los abogados tenemos algo con el lenguaje. Estoy hablando de otros procesos que, aunque no son los judiciales, se les parecen mucho. En un proceso judicial no es posible formular alegatos antes de que haya una contestación de demanda, ni puede el juez dictar sentencia sin antes haber dado oportunidad a las partes de ofrecer y rendir pruebas. De igual manera, los procesos a los que yo me refiero son secuencias lógicamente ordenadas de actos específicos que tienen que llevar a cabo los componentes del sistema.

Todo sistema está compuesto por otros sistemas más pequeños y menos complejos. Por ejemplo: tu aparato respiratorio está conformado por órganos que a su vez son sistemas compuestos por tejidos, que a su vez son sistemas compuestos por células que, a su vez, son sistemas compuestos por órganos celulares y así sucesivamente. Lo que los mantiene unidos y funcionando son los procesos.

Tu despacho no es la excepción. Es un sistema complejo conformado por sistemas más pequeños y sencillos que se mantienen unidos y funcionando a través de procesos.

IV. Sistematizando el despacho

¿Cómo concebir a «Tú & Asociados, Abogados» como un sistema? De ahora en adelante, concibe cada área del despacho como un sistema y cada tarea como un proceso. Eso se logra cubriendo cinco aspectos muy concretos, ¡y algunos de ellos ya los habrás completado conforme fuiste estudiando los capítulos anteriores de este libro! Aquí van de nuevo junto con los adicionales:

Propósito, misión, visión y valores

Ya hablamos de esto en los capítulos anteriores, pero vale la pena retomarlo, porque todo sistema tiene una finalidad o desarrolla una tarea. El propósito, la misión, la visión y los valores de «Tú & Asociados, Abogados» son esa finalidad que da cauce a las actividades de cada área interna (operación, administración, recursos humanos, *marketing* y ventas). Así como todas las piezas de un reloj funcionan con la finalidad de dar la hora exacta, todas las áreas y todas las actividades de tu despacho deberán trabajar dentro del sistema con el fin de lograr el propósito, la misión y la visión del despacho mientras respetan sus valores.

Cada área es un minisistema

Supongamos que tu propósito es *ayudar a vivir en una sociedad sustentada en la unión familiar, en la que el divorcio sea concebido como la última opción posible.* Si tal fuera el caso, tu misión podría ser algo como *ayudar a las parejas a resolver, con una base jurídica, los problemas que surgen de su relación*; tu visión, entonces, quizá sería *ser el mejor despacho de litigio familiar en el país.*

En este caso, la misión de tu área de recursos humanos es reclutar y mantener a los mejores abogados especializados en materia familiar, en tanto que tu área de *marketing* tendrá como finalidad crear contenido que atraiga a padres de familia, hombres o mujeres que desean casarse o divorciarse, etcétera.

De esta manera, tendrás claro lo más importante de tu despacho: qué quieres y qué vas a hacer para lograrlo, pero trabajando paso a paso y área por área.

Identificación de tareas diarias

Aquí empieza a ponerse más densa la cosa. Es momento de afilar nuevamente el lápiz, arremangarte la camisa y prepararte varios litros de café, porque esto va para largo.

Bueno, quizá no varios litros, con uno será suficiente: no es para tanto. Pero, la verdad es que sí se trata de una tarea que te tomará bastante tiempo, tanto que no la lograrás hacer de una sola sentada, así que tómatelo con calma. Es más, tómatelo con toda la calma del mundo porque ni siquiera es una tarea de varios días, sino una labor permanente, que deberás llevar a cabo de aquí en adelante, todos los días sin falta y sin que puedas nunca considerarla terminada del todo.

Se trata de identificar todas las tareas que conforman el día a día de tu despacho, área por área. Por ejemplo: mantener informados a los clientes de sus asuntos, la elaboración de contratos, la presentación de demandas, los pagos de nóminas o servicios como el agua, la luz, el internet o las entrevistas con posibles clientes... Recuerda, cada área es un sistema y cada actividad es un proceso. ¿Ya empiezas a ver por qué necesitas paciencia para hacer esto?

La lista puede ser agobiante. Ahora, imagínate que todas esas cosas que enlistaste las tuviese que hacer una única persona. Ahora imagínate que esa persona eres tú. ¿Verdad que es mejor sistematizar esas tareas? De otro modo, ni con todo el café del mundo.

Divide y vencerás

El siguiente paso es dividir cada una de las tareas que conforman la lista que acabas de crear en pasos sencillos y repetibles, de manera que estandarices cada una de esas actividades. Por ejemplo:

1. Tarea por realizar: abrir un expediente para un cliente nuevo.

   Actividades que conforman esa tarea:

   a. Escoger el color de la carátula del expediente según el tipo de servicio a prestar (rojo para litigio, negro para corporativo, etcétera).

   b. Colocar una etiqueta de identificación en la carátula del expediente.

   c. Integrar los documentos y ordenarlos cronológicamente.

2. Tarea por realizar: asignar los asuntos a los pasantes de litigio.

   Actividades que conforman esa tarea:

   a. Dividir los asuntos dependiendo de ante qué tribunal se cursa el juicio.

   b. Asignar a cada pasante los asuntos de un mismo tribunal.

   c. Notificar a todos los abogados de esta asignación.

Documenta y vencerás

El paso siguiente es documentar, con el mayor grado de detalle posible, cada una de las tareas que recién enlistaste y dividiste, así:

1. Tarea: abrir un expediente para un cliente nuevo.

   Actividades por realizar, en ese orden:

   a. Cada tipo de asunto será identificado con un color de fólder. El código de colores es el siguiente:

      i. Corporativo: fólder color negro.

      ii. Litigio civil: fólder color azul.

      iii. Asuntos laborales: fólder color verde.

   d. Identificar el expediente con una etiqueta pegada en la ceja del fólder en la que se incluirán los siguientes datos:

      i. Nombre del cliente.

      ii. Número consecutivo de cliente.

      iii. Tipo de servicio que se prestará.

      iv. Número consecutivo de fólder.

   c. Cada expediente deberá contener, por lo menos:

      i. Copia de la escritura constitutiva y/o identificación del cliente.

      ii. Datos fiscales del cliente.

    iii. Relación de los documentos entregados por el cliente al despacho.

2. Tarea: asignación de asuntos a los pasantes de litigio.

    Actividades por realizar, en ese orden:

    a. Los asuntos serán asignados a los pasantes de litigio en razón de su tipo, conforme a lo siguiente:

        i. «Asuntos federales». Aquellos que se tramitan ante los órganos jurisdiccionales del Poder Judicial de la Federación.

        ii. «Asuntos administrativos». Aquellos que se tramitan ante los tribunales de lo contencioso administrativo o las autoridades administrativas locales o federales.

    b. La asignación de los asuntos se hará del conocimiento a todos los socios mediante un correo electrónico en el que se especificará claramente la fecha en que surta efectos dicha asignación.

Haz esto con cada tarea que vayas identificando que se repite y, luego de que lo hayas hecho, revisa cómo puedes mejorar ese proceso.

V. Manual de operaciones: tu gran aliado para quitarte de en medio

Lo que obtendrás después de hacer este desglose es una especie de catálogo detallado de todos los procesos que debe realizar cada una de las partes que forman tu despacho. Es decir, un manual de operaciones que servirá para indicar cómo es que funciona cada una de las piezas del sistema que es tu despacho.

El manual de operaciones es un documento fundamental porque gracias a él podrás dejar de ser el cuello de botella que lo retrasa todo.

Es tu principal herramienta para:

1. Delegar con mayor facilidad cada función de tu despacho en los miembros de tu equipo, en proveedores externos y en la tecnología, y…

2. Capacitar mejor a los nuevos integrantes de tu equipo.

Quizá al inicio no tengas personal en quién delegar, por lo que tendrás que seguirlo y cumplirlo tú mismo. Esto es normal, es un paso natural en el desarrollo y la evolución de cualquier negocio, pero es muy importante que tú mismo sigas tu propio manual de operaciones como si fueras un empleado distinto, porque eso te permitirá crecer con orden y darte cuenta con la práctica, a prueba y error, de qué cosas puedes cambiar para que cada actividad sea más eficiente. Además, seguir tu propio manual te ayudará a equivocarte con menos frecuencia y a no olvidarte de los detalles, porque ya todo estará documentado.

Es más, hasta la percepción que tenga el cliente sobre ti mejora muchísimo cuando estandarizas su experiencia y le transmites la tranquilidad de que todo está marchando sobre ruedas, que no hay ningún contratiempo ni nada imprevisto: ya todo está fríamente calculado.

Seguro te has fijado que todos los Starbucks son iguales o que en cada McDonald's todo está siempre en el mismo sitio, aunque sea una sucursal diferente. Y no solo eso, sino que, además, los empleados visten de la misma manera y te atienden con las mismas palabras que la vez anterior. ¡Hasta podríamos decir que todos te sonríen igual! Pues tanto Starbucks como McDonald's hacen eso para darte confianza. Esa sensación de que todo es igual cada vez que los visitas da tranquilidad y confianza: aunque sea la primera vez que vamos a esa sucursal, se siente como estar yendo a un lugar que conoces a la perfección y del que sabes exactamente qué esperar. ¡Eso es lo que estas grandes cadenas te venden! No te venden hamburguesas o cafés, sino la certeza de que tu comida sabrá siempre de la misma manera, se habrá hecho con los mismos ingredientes y en las mismas proporciones y que puedes bajar la guardia porque no habrá absolutamente nada inesperado en tu experiencia. Por algo esas cadenas de comida rápida se encuentran en la cúspide, ¿no crees?

Ahora te toca a ti: sistematiza para que estandarices tu operación y, consecuentemente, tu atención hacia el cliente. Eso le dará la seguridad y confianza necesarias para querer volver contigo siempre que lo necesite.

VI. Otros documentos importantes para la sistematización

Además del manual de operaciones, es importante que consideres los siguientes documentos que tienes que ir creando poco a poco:

Perfiles de puesto

Ya hablamos de esto con anterioridad. Se trata de documentos que te permiten estandarizar buena parte del proceso de selección y reclutamiento de personal.

Checklists

Este es uno de mis favoritos porque es supersencillo y puede tener beneficios fenomenales. Pero antes de explicarte cómo hacerlo, déjame te cuento un poco de su historia: te prometo que vale la pena, es una lección redonda de cómo un documento tan sencillo puede evitar una catástrofe.

Los *checklists* o *listas de comprobación* surgieron en el mundo de la aviación norteamericana unos años antes de que estallara la Segunda Guerra Mundial[23]. Era el 30 de octubre de 1935 y Boeing había desarrollado su modelo 299: un bombardero de larga distancia conocido como *La Fortaleza Volante*. La Armada de los Estados Unidos organizó una demostración justo antes de decidir si comprarían varios de estos aviones; sesenta y cinco, para ser exactos.

Al inicio de la demostración, el poderoso y amenazante Boeing 299 rugió y comenzó su ascenso. Poco después del despegue, cuando apenas arañaba los cien metros de altura, la imponente máquina perdió fuerza repentinamente y, frente a los ojos aterrorizados de los espectadores, precipitó sus diez toneladas de acero y armamento contra el suelo, causando la muerte de por lo menos dos de sus tripulantes.

Este suceso, que costó a Boeing un jugoso contrato con el Gobierno de los Estados Unidos y que la puso al borde de la desaparición, no se debió a una falla técnica, sino a un error humano. Los tripulantes realizaron todas las tareas necesarias para el despegue excepto una: este modelo tenía un mecanismo de bloqueo del timón de profundidad que había que liberar. Como el mecanismo era nuevo, los tripulantes olvidaron liberarlo.

---

23 Esta historia fue narrada por Atul Gawande en su libro *The Checklist Manifesto: How to Get Things Right*. New York, Metropolitan books, 2009, p. 32.

Después de investigar el accidente, Boeing concluyó que *La Fortaleza Volante* no era más complicada de pilotar que el resto de los aviones que hasta entonces se habían construido, sino que el verdadero problema era que los procesos de despegue y aterrizaje no debían depender de algo tan impredecible como la memoria de los tripulantes. Fue así como crearon las listas de comprobación.

En estas listas se enumeran, una por una, las tareas más críticas para estas maniobras y hoy se han convertido en una herramienta esencial y obligatoria para la aviación. Es gracias a ellas que volar es uno de los medios más seguros para viajar.

Y lo mejor de las listas de comprobación es que son sencillísimas de hacer y seguir. Son simples formatos que te permiten realizar acciones repetitivas que hay que verificar. Por ejemplo: un *checklist* sobre los elementos, tanto de forma como de fondo, de un poder otorgado ante notario. Imagina cuánto podrás acelerar tus procesos y cuánto podrás reducir el margen de error si desde el principio ya tienes una lista de todos esos elementos y los vas tachando conforme revisas el documento: sellos, rúbricas, firma, transcripción del artículo 2554 del Código Civil (para los de la Ciudad de México), facultades de quien otorgó el poder, etc.

Tu operación mejorará muchísimo, y además te ahorrará tiempo y esfuerzo.

Puedes hacer uso de las listas de comprobación en toda tu administración y en tu operación. Por ejemplo, puedes hacer listas respecto a los documentos básicos que debes pedirle a cada cliente nuevo o sobre los elementos que debes tener a la mano para presentar una demanda de amparo electrónicamente.

Al final de este libro, te compartiré un formato de lo que considero que puede ser tu primer *checklist*. Sobre él puedes trabajar para crear tantas listas de comprobación como consideres pertinente.

Guiones

El mejor lugar en el que se utilizan los guiones es en el proceso de venta de nuestros servicios. También se pueden utilizar, por ejemplo, al momento de recibir a un cliente en nuestras oficinas, ¿qué le vas a decir o preguntar a tu cliente? ¿Le vas a ofrecer agua? ¿En qué silla de la mesa de juntas te vas a sentar?

Puede ser que te resulte hasta ridícula la idea de tener preparados guiones, pero, como te dije al principio de este libro, todo lo que lees aquí viene probado por mi propia experiencia. Yo caí en cuenta de lo importantes que son los guiones cuando trabajé como practicante en una notaría de la Ciudad de México mientras cursaba el segundo año de la carrera. Una de mis funciones era, justamente, atender a los clientes al momento en que iban a firmar sus escrituras. Antes de que aparecieran el abogado y el notario en persona, los pasantes le comunicábamos al cliente una serie de indicaciones importantes que permitían que el notario solo respondiera las preguntas de fondo más importantes.

Gracias a esta medida se reducía mucho el tiempo que el notario invertía en la firma de cada escritura, lo que le permitía mantener niveles de productividad insospechados. Y no solo eso, sino que el servicio se estandarizaba de manera que todos los clientes quedaban satisfechos y confiados de que en esa notaría siempre eran bien atendidos. Quizá la idea que los clientes procesaban en sus mentes subconscientes era algo así como *si así me atienden a mí cuando vengo a firmar la escritura, seguramente la redactaron con el mismo esmero.*

No hace falta que te diga lo alta que era la tasa de retorno de los clientes. Hoy en día, varios años después de que inicié mi propio despacho, ¡yo mismo me he convertido en cliente frecuente de esa notaría, que sigue trabajando como una máquina de relojería fina gracias a sus guiones!

Plantillas

Obviamente, jamás te recomendaré hacer «machotes» de contratos o demandas, pues esa es una decisión que depende exclusivamente de ti, porque es parte de la operación de tu despacho y del tipo de servicio que has decidido prestar. Sin embargo, sí es importante tener plantillas o formatos para la administración diaria: recibos de documentos, recibos de dinero u otros valores, «resguardos» de equipo de cómputo, comunicaciones y memorandos internos… Te sorprenderías de la cantidad de tiempo que puedes ahorrar cuando tienes formatos preestablecidos para casi todo.

Tutoriales

Cuando una persona nueva entre a trabajar a «Tú & Asociados, Abogados», tú o alguien de tu equipo deberá enseñarle todo lo que tiene que saber. Ese conocimiento es más fácil de aprender, transmitir y evaluar si ya lo tienes desde antes por escrito. De esta manera te aseguras de que le explicarán al nuevo integrante todo lo que debe saber, sin olvidar nada, y que siempre se explicarán las cosas de la misma manera, evitando confusiones.

¿Cómo se revisa un pagaré? ¿Cómo cuentas los términos para la presentación de una demanda? ¿Qué hacemos cuando el cliente no tiene identificación vigente? La capacitación será más efectiva y eficiente si tienes manuales y tutoriales actualizados.

VII. Te prometo que el esfuerzo habrá valido la pena

Yo sé, yo sé: todo esto parece una labor titánica… Y lo es. Pero vale la pena, por muchísimas y muy valiosas razones. La primera es que cualquier tarea que no documentes, es una tarea que estás condenado a hacer para siempre y desde el principio. La segunda es que concebir tu despacho como un sistema te permitirá quitarte de en medio, será como empujar la primera ficha del dominó que irá moviendo solita a todas las demás.

> *De esta manera, dejarás de ser el principal obstáculo para que tu negocio crezca y evolucione.*

Es más, no solo dejarás de ser el freno del crecimiento de «Tú & Asociados, Abogados», sino que te convertirás en el acelerador, porque al delegar las tareas que ya tienes sistematizadas, tendrás más tiempo para trabajar *por* tu despacho, mientras tu equipo y tus herramientas tecnológicas trabajan *para* tu despacho.

Por si ello fuera poco, estarás creando un negocio que depende de sistemas y no de personas, por lo que te será más fácil contratar más personal, modificar tu plantilla o ascender a tus empleados. Y, ¿por qué no decirlo?, el día que alguien deje de formar parte de tu equipo por la razón que sea, su partida será menos dolorosa, pues no tendrás personas «irremplazables».

En resumen: tú diriges a tu equipo, tu equipo opera los sistemas y los sistemas hacen que tu despacho funcione, incluso sin que tú estés presente todo el tiempo.

VIII. Vale, ¿por dónde empezar?

Otros sistemas en los que puedes comenzar a trabajar son:

1. Políticas internas.

2. Imagen institucional.

3. Organigrama.

4. Procesos de búsqueda de nuevas oportunidades de negocio y procesos de mejora continua (innovación).

5. Procesos de ventas y para la satisfacción del cliente.

Esto es solo una sugerencia. Desde luego, quien decide qué procesos documentar y cuáles documentar primero, eres tú.

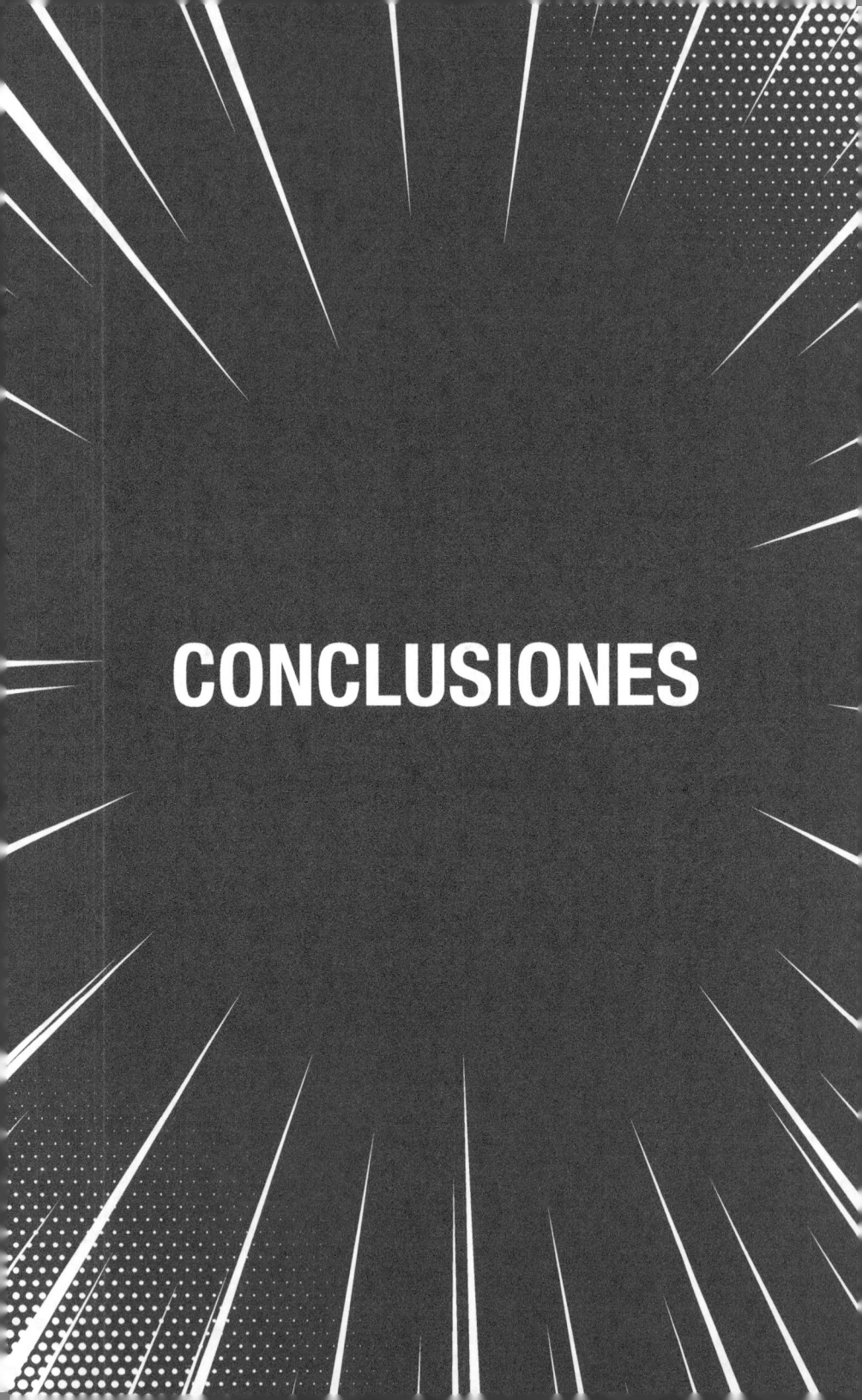

CONCLUSIONES

Muy bien. Lo logramos: ya hablamos de todos los temas que necesitas dominar para comenzar a trabajar *por* tu despacho. No exagero cuando te digo que, con este conocimiento, ya estás un poco más cerca de alcanzar esa vida que soñaste cuando comenzaste a estudiar la carrera de Derecho y que definiste al inicio de este libro.

Ahora es momento de que pongas manos a la obra e implementemos lo aprendido.

Para que estos primeros pasos te resulten menos complicados, te propongo que comiences por hacer tu primer *checklist*, refrendar tu compromiso contigo a través de tres tareas diarias y que anotes las recomendaciones finales que te dejaré al final de este último apartado para que las tengas siempre presentes y a la mano.

Tu primer *checklist*

Como te comenté, la sistematización es la clave para que no te conviertas en el principal enemigo del crecimiento de tu despacho.

Es tan importante, que te sugiero que comiences precisamente por allí, por la sistematización. Pero no te preocupes, yo ya me preocupé de eso por ti (ya sabes que de eso se trata el ser abogado, de adelantarnos a las preocupaciones ajenas) y ya preparé un modelo de lo que puede ser tu primer *checklist* (verás que cabe en una sola hoja tamaño carta):

Tabla 4. Mi primer *checklist*.

MI PRIMER *CHECKLIST*	SÍ	NO
Libro *Tu derecho es emprender*	✓	✗
1. Leí el libro de principio a fin		
2. Tomé apuntes y subrayé (o exporté el resumen, si leí en formato digital)		
3. Recomendé este libro a mis colegas y/o socios		

Gestión del tiempo	✓	✗
4. Programé sesiones semanales para trabajar *por* mi despacho		
5. Definí mis metas a través de «la pregunta fundamental»		
6. Separé lo urgente de lo importante con la «matriz Eisenhower»		
7. Elaboré mi calendario planeando desde lo importante		

Metas	✓	✗
8. Definí mis metas *SMART+*		
9. Definí las metas *SMART+* de mi despacho		
10. Redacté la primera versión de la misión, visión y valores		

El núcleo de «Tú & Asociados, Abogados»	✓	✗
11. Creé el servicio único y de valor que los demás necesitan		
12. Definí mi PUV		
13. Definí cómo es mi cliente ideal		
14. Definí las maneras en que determinaré mis honorarios		
15. Establecí las maneras en que cobraré mis honorarios		
16. Creé el «factor ¡wow!» con el que sorprenderé a mis clientes		

Capital humano	✓	✗
17. Diseñé los perfiles de puesto		
18. Comencé mi proceso de búsqueda de talentos y contratación		

Marketing y ventas	✓	✗
19. Definí los canales de comunicación con mi cliente ideal		
20. Diseñé mi proceso de venta		
21. Me inscribí al curso de *Venta de servicios jurídicos* con Gibrán Miguel		

Tres tareas diarias

Tan pronto como tengas tu primer *checklist* preparado, deberás refrendar el compromiso que celebraste contigo al inicio del libro y que le incluyas una nueva cláusula. Esa nueva cláusula establece una obligación a tu cargo, la de llevar a cabo tres tareas diarias.

Son tres actividades que tienes que realizar, sí o sí, todos los días, incluso cuando «Tú & Asociados, Abogados» ya esté funcionando como la más aceitada de las máquinas y todo sea justo como lo visualizaste.

La función de estas tres tareas es mantener tu enfoque en las metas del despacho y en las metas de tu vida personal —que, no lo olvidemos, van de la mano— y te ayudarán a acostumbrarte a que, por lo menos durante una hora diaria, trabajes *por* tu despacho y no únicamente *para* tu despacho.

Además, te permitirán organizarte cada vez de mejor manera, tener más productividad y lograr más en menos tiempo.

Tarea 1. Generación de prospectos

Recuerda que un despacho de abogados, como cualquier otro negocio, vive de sus ventas. ¡Ese es el verdadero combustible de cualquier empresa!

Cada día debes buscar personas que necesiten tus servicios y que estén dispuestas a pagar por ellos. Recuerda siempre asistir a los lugares donde se encuentren tus clientes ideales, crea alianzas estratégicas, arma una base de datos de tus contactos ¡y llámales!

Seguramente hoy es el cumpleaños de alguno de tus contactos. ¿Ya lo felicitaste?

Tarea 2. Sistematización

Ya vimos que un negocio sistematizado es un negocio con mayor posibilidad de crecimiento. Al tener cada tarea visiblemente asignada, tú tendrás más tiempo para trabajar *por* tu despacho, mientras tu equipo y tus herramientas tecnológicas trabajan *para* tu despacho.

Por ello, todos los días tienes que esforzarte por convertir cada tarea y actividad en algún documento de sistematización. Trabaja con especial atención en tu manual de operaciones. Recuerda que el gran objetivo es hacer que tu despacho dependa de los sistemas, no de las personas que lo integran.

Tarea 3. Revisión de KPI

Lo que no se mide no se puede mejorar. Así de contundente. Por eso es indispensable que todos los días revises tus KPI que, como ya vimos, son el tablero de control de tu despacho.

Diario revisa cuánto dinero tienes en bancos y en caja chica, cómo está tu fondo de reserva, cuántos prospectos tienes activos dentro de tu proceso de venta. Recuerda que tú eres quien decide qué KPI vas a utilizar. Ahora que ya los tienes, revísalos a diario y haz un comparativo día a día de cómo vas. Grafica los incrementos y los decrementos.

No lo dejes nunca para mañana, porque no te vas a acordar de lo que pasó y de por qué. Y sin esa información no podrás aprender qué funciona y qué no, ni cuáles actividades debes replicar y cuáles debes evitar.

Recuerda que si no pones en práctica el conocimiento es casi como si no conocieras nada. Lo que sabemos solo es útil en la medida en que lo volvemos acciones, así que adelante. Comienza desde ahora.

Recomendaciones finales

Para terminar, apunta estas tres recomendaciones finales en algún lugar que te permita tenerlas siempre a la mano, para que nunca se te olviden. Una buena idea sería anotarlas en la parte de atrás de tu primer *checklist*.

Primera recomendación final:
Recuerda que todo es perfectible

Hace algunos años, un abogado que terminaría por convertirse en el último jefe que tuve en mi vida, y que ahora es un amigo muy cercano, me dijo una frase que adopté como mantra y que me repito cada vez que me salta la vena perfeccionista. Te la comparto para que tú también la tengas presente:

Lo perfecto es enemigo de lo bueno.

No es una frase original; se trata de un aforismo que seguramente tú también ya has escuchado y que significa que buscar insistentemente la perfección solo conduce a no hacer ni lograr nada.

Ni tu planeación del tiempo, ni tus metas *SMART+* ni la misión de tu despacho estarán listos a la primera. Al contrario, irán evolucionando con el tiempo y a la par en que tú también evolucionas y te conviertes en mejor persona o profesionista.

Segunda recomendación final: *identifica un modelo a seguir*

Todos tenemos un ejemplo a seguir y todos somos el ejemplo que alguien más sigue. Se trata de una cadena eterna e inevitable, como una ley de la naturaleza.

Sin embargo, tú y yo tenemos el poder de escoger qué modelos de personas queremos seguir, en quiénes podemos inspirarnos y —lo más importante— de quiénes escuchar consejo.

Esto último es especialmente delicado, porque ahora que vas a dar este paso tan decisivo vas a tener a muchas personas —la mayoría de ellas bien intencionadas y que desean lo mejor para ti— que van a cuestionar tu decisión e intentarán hacerte cambiar de opinión. No los escuches. Créeme, vale la pena.

Tercera recomendación final:
¡Comienza ya!

Te puedo apostar que a estas alturas cuentas con conocimientos básicos suficientes para emprender en el sector legal y fundar tu propia firma de abogados. Ahora lo que necesitas es ponerlo en práctica.

> *Actuar, pasar a la acción, es eso único que debes hacer justo ahora para fundar «Tú y Asociados, Abogados».*

APÉNDICE:

10 LIBROS QUE TIENES QUE LEER

Creo que no hace falta que hablemos de lo importante que es desarrollar y mantener el hábito de la lectura. Si algo hacemos los abogados en nuestro día a día, es leer. El secreto radica más bien en saber qué leer.

Los libros jurídicos son indispensables para mantener nuestro conocimiento actualizado y mejorar la calidad de nuestro servicio, pero ya vimos que no son suficientes.

Y como este libro se trata, precisamente, de aprender todo lo que Hans Kelsen y otros autores no enseñan, te comparto los 10 libros que a mí más me han ayudado y que me siguen acompañando hasta hoy en el camino de convertir mi despacho en una empresa. Lo hago con el deseo de que sean tan útiles para ti como lo han sido para mí.

Tabla 5. 10 libros que necesitas leer.

LIBRO	POR QUÉ ES IMPORTANTE
El mito del emprendedor, de Michael E. Gerber.	Excelente para profundizar sobre la distinción entre ser emprendedor, directivo y técnico y por qué es indispensable tener clara esa diferencia al momento de iniciar un negocio (un despacho de abogados, por ejemplo).
MBA personal, de Josh Kaufman.	Tal como lo promete en su programa, es una buena muestra de lo que se aprende en un Máster of Business Administration. Gran lectura para desarrollar y mejorar nuestras habilidades en la administración de nuestro despacho.
Nunca comas solo, de Keith Ferrazzi y Thai Raz.	Este es un libro que nos ayuda a resolver una pregunta que todos nos hacemos (especialmente los abogados): *¿cómo convierto a un conocido en un amigo?* Y todavía más importante: *¿cómo lo convierto en un cliente?*

La regla de oro de los negocios, de Grant Cardone.	También se conoce como la «Regla 10X». ¿Cuánto esfuerzo hay que invertir para tener éxito? Este libro nos lo dice y nos invita a comenzar a aplicar la regla desde hoy.
Rompe la barrera del no, de Chris Voss.	Un libro escrito por un exnegociador internacional del FBI, que nos da tácticas para negociaciones no tan fáciles. Es de lectura obligada porque un abogado tiene que saber negociar en beneficio de sus clientes, pero también en pro de sus propios intereses como empresario.
Enfócate, de Cal Newport.	Cada vez es más difícil concentrarnos, porque vivimos en un mundo que incentiva el *multitasking* y que está lleno de *apps*, redes sociales y dispositivos que luchan por apoderarse de nuestra atención. Por ello, la concentración es el verdadero superpoder del abogado del Siglo XXI y este libro nos da 4 reglas muy básicas para desarrollarlo.
Los 7 hábitos de la gente altamente efectiva, de Stephen R. Covey.	Un catálogo de 7 hábitos —o, mejor dicho, 7 principios— que ayuda a cualquier persona y empresa a orientarse hacia el éxito. Una lectura que nos ayuda en todos los roles de nuestra vida y no solo como dueños de un bufete jurídico.
Por qué los clientes nos dejan, de David Avrin.	Este libro nos da veinticuatro razones de por qué nuestra clientela nos abandona para irse con la competencia, una pregunta indispensable en un mercado tan competido como el de los abogados. Está escrito desde el punto de vista del cliente, así que tiene mucho que aportarnos.
The end of lawyers?, de Richard Susskind.	Un *Best Seller* que reta a quienes ejercemos el Derecho a preguntarnos cómo podemos echar mano de nuevos métodos de trabajo y de organización para hacer nuestra práctica más rápida, barata, eficiente y de mejor calidad. Un auténtico librazo.
El efecto compuesto, de Darren Hardy.	Ese es uno de esos libros llamados a convertirse en un libro de cabecera, de esos que debes repasar regularmente. El efecto compuesto es el ingrediente más importante que necesitas para alcanzar cualquier meta.

Comienza hoy a leer alguno de ellos. El que sea, pero que sea hoy mismo. Ah, y recuerda: de nada sirve solo leer el libro; lo verdaderamente importante es implementar lo leído.

BIBLIOGRAFÍA

Obras consultadas:

- Carbonell, M. (2020). *Los honorarios profesionales de los abogados.* Centro de Estudios Carbonell.

- Cirillo, F. (2020). *La técnica Pomodoro.* Planeta.

- Covey, S. (2014). *Los 7 hábitos de la gente altamente efectiva.* Paidós.

- Fotopoulos, D. (2018). *Contabilidad para numerofóbicos.* Harper Collins.

- Gawande, A. (2009). *The Checklist Manifesto: How to Get Things Right.* Metropolitan books.

- Hernández Jiménez, G. (2013). *Educación financiera avanzada partiendo de cero* [autopublicación].

- Maslow, A. (1943). *A theory of human motivation.* Psychological Review.

- Michalowicz, M. (2017). *La ganancia es primero.* Conecta.

- Montgomery, C. A. (2012). *El Estratega.* Penguin Random House Grupo Editorial.

- Newport, C. (2017). *Enfócate: consejos para alcanzar el éxito en un mundo disperso.* Paidós.

- Ramsey, D. (2003). *La transformación total de su dinero.* Grupo Nelson.

- Stanley, T. (2015). *El millonario de al lado.* Obelisco.

Fuentes de internet:

- *#126. Marisa Lazo – Shark Tank, equidad de género, crecer sin inversión y cómo callar opiniones.* (13 de junio de 2021). Cracks Podcast con Oso Trava. https://cracks.la/episode/126/

- Adeva, R. (11 de septiembre de 2015). *Las redes sociales, fuente de ansiedad y depresión en los adolescentes.* Lifestyle. https://cincodias.elpais.com/cincodias/2015/09/11/lifestyle/1441958492_816046.html

- Alexander, R. (25 de abril de 2021). *Navaja de Ockham.* Kineshma. https://es.kineshma.net/Ockham-27s-7664

- *Because I think I am making progress.* (11 de junio de 2021). AHS Summer Fest. https://www.harpsociety.org/news/SummFest

- Bederman, U. (10 de octubre de 2021). *El celular como peluche: la visión de Byung-Chul Han, el filósofo que promulga el desapego tecnológico.* Tecno. https://tn.com.ar/tecno/novedades/2021/10/10/el-celular-como-peluche-la-vision-de-byung-chul-han-el-filosofo-que-promulga-el-desapego-tecnologico/

- *¿Cuál es el origen de la humanidad según la ciencia?* (21 de diciembre de 2022). National Geographic. https://www.nationalgeographicla.com/historia/2022/12/cual-es-el-origen-de-la-humanidad-segun-la-ciencia#:~:text=La%20hip%C3%B3tesis%20cient%C3%ADfica%20actualmente%20m%-

C3%A1s,evolutivo%20de%20millones%20de%20
a%C3%B1os

- Dora, G. T. *There´s a S.M.A.R.T. way to write management´s goals and objectives.* Management Review. https://community.mis.temple.edu/mis0855002fall2015/files/2015/10/S.M.A.R.T-Way-Management-Review.pdf

- García, F. (s. f.). *¿Amas la vida? No desperdicies el tiempo porque es la sustancia de la que está hecha.* Observatorio del coaching. https://benpensante.com/amas-la-vida-no-desperdicies-el-tiempo-porque-es-la-sustancia-de-que-esta-hecha-b-franklin/

- Pazos, A. (22 de enero del 2021). *¿Por qué solo 8% de las personas cumplen sus propósitos?* Forbes. https://www.forbes.com.mx/red-forbes-por-que-solo-8-de-las-personas-cumplen-sus-propositos/

- Ricardo, D. (1932). *Principios de economía política y tributación* [volumen primero]. Biblioteca de cultura económica. https://www.google.com.mx/books/edition/Principios_de_econom%C3%ADa_pol%C3%ADtica_e_impo/C0FYAAAAcAAJ?hl=es&gbpv=1&dq=david+ricardo+principios&printsec=frontcover

- *Si le das pescado a un hombre hambriento* (9 de febrero de 2017). Terra Fundación. https://www.terra.org/categorias/ecologia-practica-consejos-ecologicos/si-das-pescado-un-hombre-hambriento

- Zerón, T. (s. f.). *De un anafre a imperio garnachero: la historia de La casa de Toño*. Animal Gourmet. https://www.animalgourmet.com/2017/09/16/la-historia-de-la-casa-de-tono/

Páginas web:

- Cipri Quintas: https://www.cipriquintas.com/
- E-book 5 errores al fundar un despacho de abogados: https://gibranmiguel.com/libros-para-vivir-del-derecho/
- Fundación Pau Casals: https://www.paucasals.org/
- Podcast Secreto Profesional: https://gibranmiguel.com/SecretoProfesional/
- Summit Law: https://www.summitlaw.com/